土地資源
管理實訓教程

主　編 孫　敖
副主編 宋桂君、喻小倩、甘　成、梁　甜

崧燁文化

前　言

　　土地資源管理專業是具有較強應用性的專業，在教學過程中需要開設大量的實驗課程以培養學生的思維能力和動手能力，但實驗課程普遍孤立開設，未能以項目形式進行實驗整合設計。我們在專業綜合實訓中以項目為組織單元，整合土地資源管理專業本科課程實驗，讓學生能在綜合實訓教學過程中感受項目全流程，培養學生的實際操作能力和項目管控能力，塑造嚴謹的工作作風。為學生走上工作崗位打下堅實基礎，並縮短再培訓時間。

　　本書根據土地資源管理專業本科生相關教材和土地資源管理專業「3+1」綜合實訓課程編寫。全書共分為三章，即城鎮地籍調查實訓、農村土地調查實訓和土地利用規劃實訓。其中：城鎮地籍調查實訓主要包括全站儀使用、獨立坐標系建立、碎部點測量、測站搬遷和南方 CASS 數字測圖軟件使用等內容；農村土地調查實訓主要包括外業調查、創建空間數據庫、創建圖例、矢量化影像、線轉弧造區、屬性輸入、註記添加和成果輸出等實訓內容；土地利用規劃實訓主要包括規劃工程的建立、基期數據的轉換、規劃要素的生成、總規圖斑的疊加生成、總規圖斑的屬性、土地用途管制區、土地整治分區、土地用途分區、提取專題圖、出圖與數據等實訓環節。

　　受知識水平、本校教學開展內容以及經費的限制，書中難免有不盡合理和疏漏之處，敬請各位專家、同行提出寶貴意見。

編　者

目 錄

第一章　城鎮地籍調查實訓 ·· (1)
實驗教學的目的和要求 ··· (1)
實驗項目一　全站儀地籍測量文件的新建與草圖繪製 ············· (2)
實驗項目二　獨立坐標系的建立及碎步點測量 ······················ (4)
實驗項目三　測站搬遷的操作步驟 ··································· (11)
實驗項目四　南方 CASS 地籍制圖與出圖 ··························· (12)

第二章　農村土地調查實訓 ·· (29)
實驗教學目的和要求 ··· (29)
實驗項目一　熟悉調查基本程序及準備相關資料 ·················· (30)
實驗項目二　外業調查 ·· (31)
實訓項目三　創建空間數據庫 ·· (33)
實訓項目四　創建圖例 ·· (45)
實訓項目五　矢量化影像 ·· (51)
實訓項目六　線轉弧造區 ·· (54)
實訓項目七　屬性輸入 ·· (59)
實訓項目八　註記添加 ·· (64)
實訓項目九　成果輸出 ·· (68)

第三章　土地利用規劃實訓 ·· (73)
實訓教學的目的和要求 ··· (73)

實驗項目一　規劃工程的建立 …………………………………………… (74)

實驗項目二　基期數據的轉換 …………………………………………… (77)

實驗項目三　規劃要素的生成 …………………………………………… (79)

實驗項目四　總規圖斑的疊加生成 ……………………………………… (80)

實驗項目五　總規圖斑的屬性一 ………………………………………… (82)

實驗項目六　總規圖斑的屬性二 ………………………………………… (85)

實驗項目七　土地用途管制區 …………………………………………… (87)

實驗項目八　土地整治分區 ……………………………………………… (89)

實驗項目九　土地用途分區 ……………………………………………… (91)

實驗項目十　提取專題圖 ………………………………………………… (92)

實驗項目十一　出圖與數據 ……………………………………………… (97)

參考文獻 ……………………………………………………………………… (99)

附錄 …………………………………………………………………………… (100)

附錄一　城鎮地籍測量實訓記錄報告 …………………………………… (100)

附錄二　第二次全國土地調查土地分類系統 …………………………… (104)

附錄三　農村土地調查記錄表（圖斑） ………………………………… (108)

附錄四　農村土地調查記錄手簿（線狀地物） ………………………… (110)

第一章 城鎮地籍調查實訓

課程編號：Z22008
課程名稱：城鎮地籍調查實訓
實驗總學時數：27個
適用專業：土地資源管理專業
承擔實驗室：土地測繪實驗室、國土房產訊息綜合實驗室

實驗教學的目的和要求

城鎮地籍測量的目的在於瞭解利用全站儀進行地籍測量的基本要領、基本理論和方法，瞭解城鎮地籍測量的基礎知識，掌握城鎮地籍測量的操作流程。通過本教學實習，要求達到理論聯繫實際和進一步深化《測量學》與《地籍管理》某些基本理論與內容的目的。掌握城鎮地籍測量的工作程序和工作方法，能利用常用的測量儀器、計算機輔助制圖軟件等常規手段，進行城鎮地籍測量的室內外工作；能配合完成小區域範圍城鎮地籍測量的制圖工作並完成宗地圖的製作和地籍管理表格的製作與輸出。

實驗項目一　全站儀地籍測量文件的新建與草圖繪製

1. 如圖 1-1 所示，點擊開機鍵打開全站儀，點擊★號鍵，點擊 F3 打開下對焦點激光亮度調節，點擊【MENU】鍵可以在三個測距模式間轉換（棱鏡模式、反光片模式、免棱鏡模式），點擊【ANG】鍵可以選擇開或關激光指向。

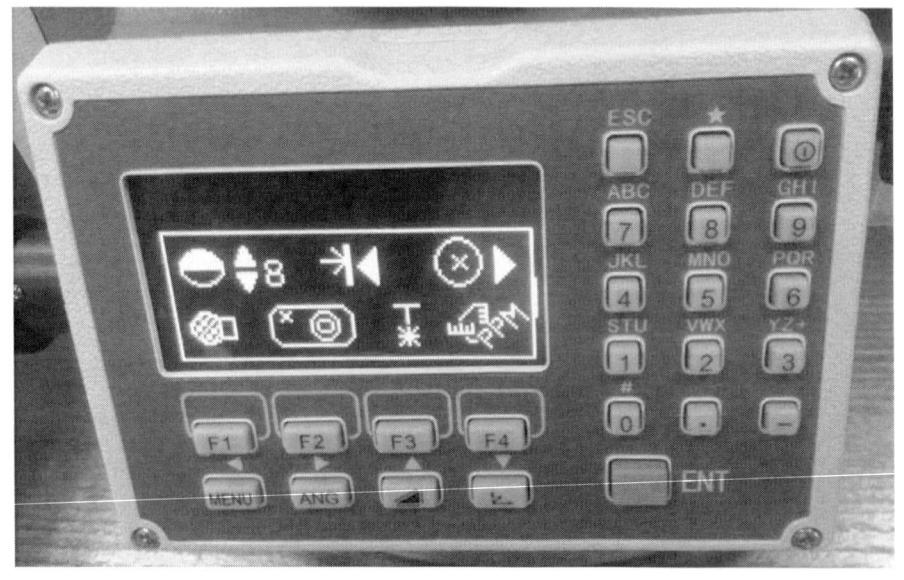

圖 1-1　基礎設置

2. 安置腳架使腳架平臺基本水平，安置全站儀，打開下對焦點，對準地上的已知點，調整腳螺旋使氣泡居中。

3. 點擊【MENU】-【F1 數據採集】，在【選擇測量文件中】選擇【F1】輸入，在光標閃爍處用右邊的鍵盤輸入你想保存的文件名稱，然后點擊【F4】確認。見圖 1-2、圖 1-3。

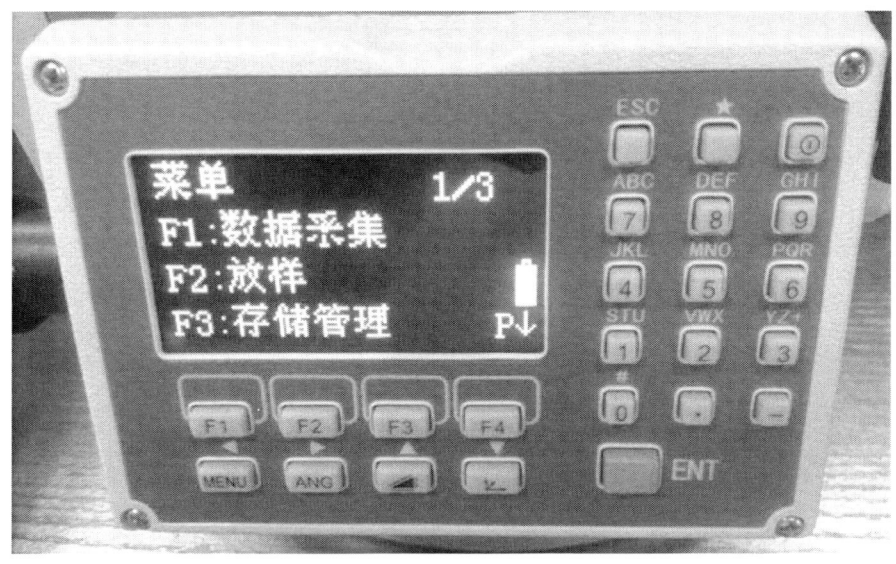

圖 1-2　文件名稱的設置及進入方式

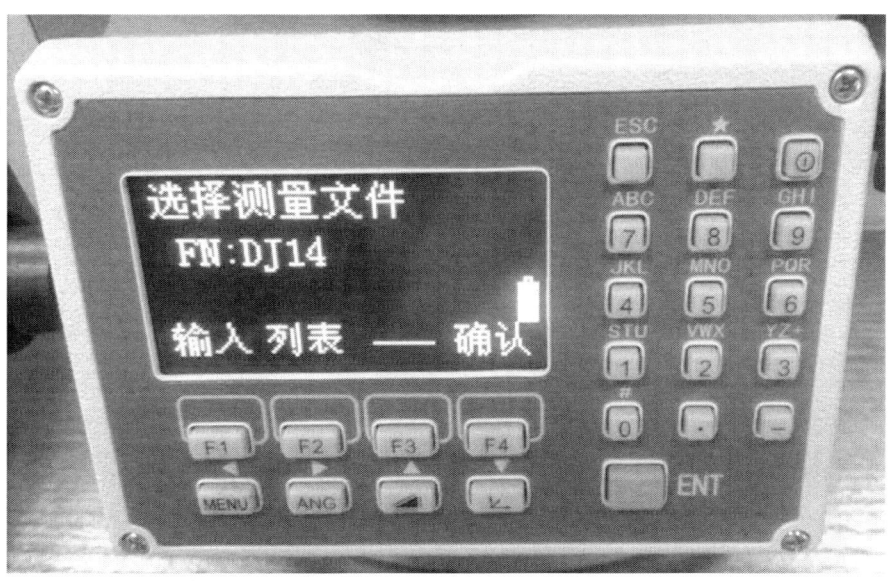

圖 1-3　文件名稱的輸入

4. 用附件城鎮地籍測量記錄表把所測地物的草圖繪製出來。

實驗項目二 獨立坐標系的建立及碎步點測量

1. 點擊黑色三角形圖標按鈕，進入測距模式（見圖1-4），點擊【F2】模式按鈕，選擇平距（VD）與高差（HD）模式，測量測出站點到已知點間的水平距離（假設為5米），把已知點和第一個站點所在的直線假設為 x 軸（暨北方向軸），已知點假設為原點，因此已知點的坐標為（0，0），站點的坐標為（5，0）。

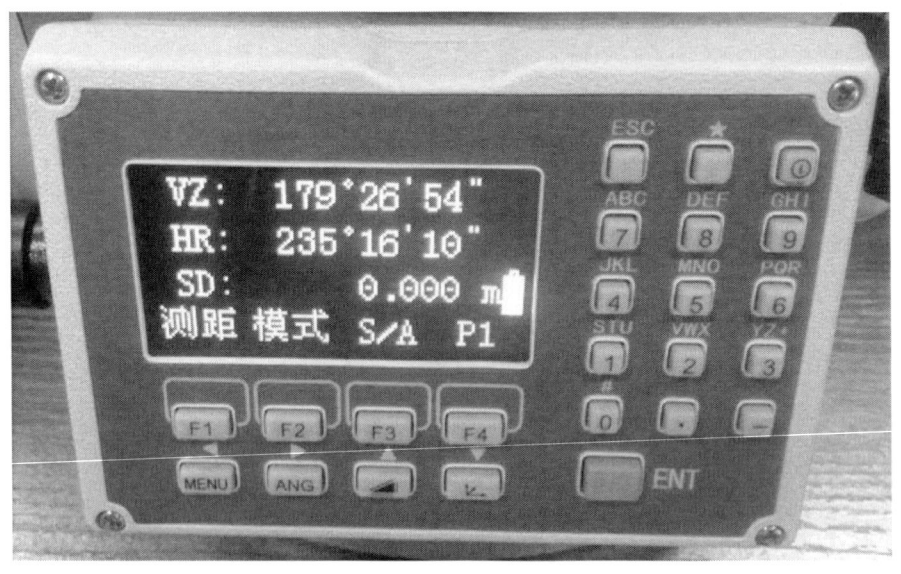

圖1-4　測距的操作

2. 測站設置。先選擇自己建好的文件夾，確認後進入測站設置見圖1-5、圖1-6。按照步驟1所測得的測站到已知點距離所建立的獨立坐標系（見圖1-6），點擊【F1】測站設置進入，光標處於【點號】處，再點擊圖1-7中的輸入，並輸入1，表示此點為測站點1，然後光標下移到【標示符】處，輸入 CZ 表示該點是一個測站點，然後點【F4】測站進入設置測站點的坐標數據，在圖1-8中再點擊【F3】坐標，進入圖1-9中的界面把測站坐標設置為（5，0），即在 N 處輸入5、E 處輸入0。

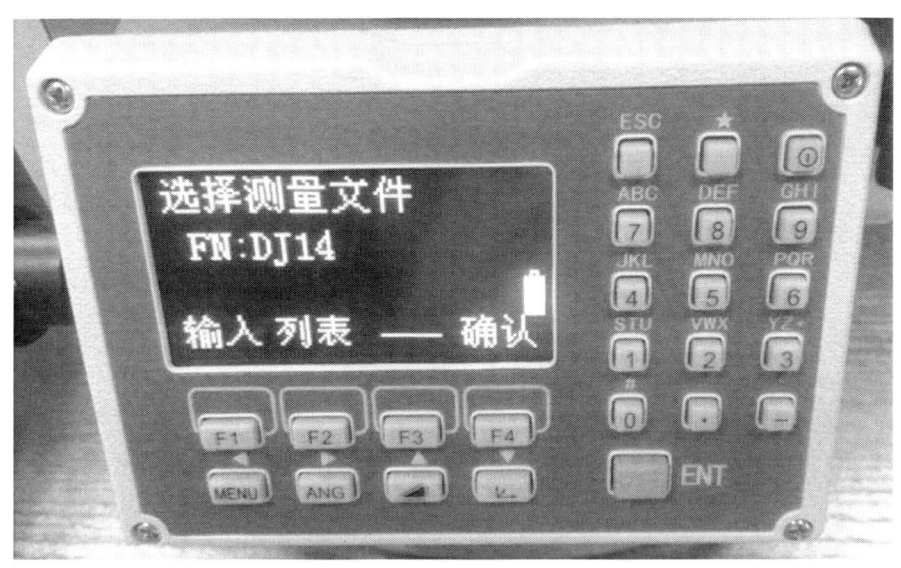

圖 1-5　選擇測站設置的文件

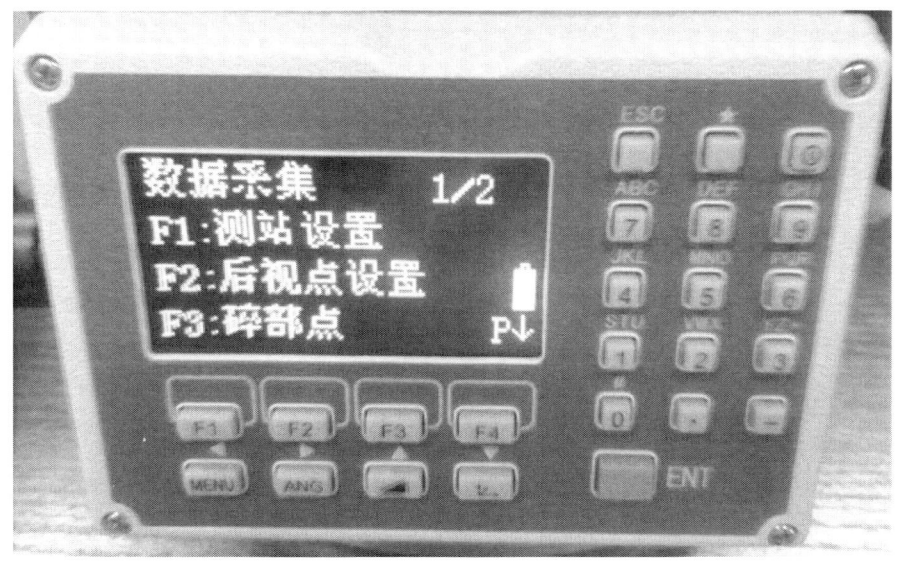

圖 1-6　測站設置進入界面

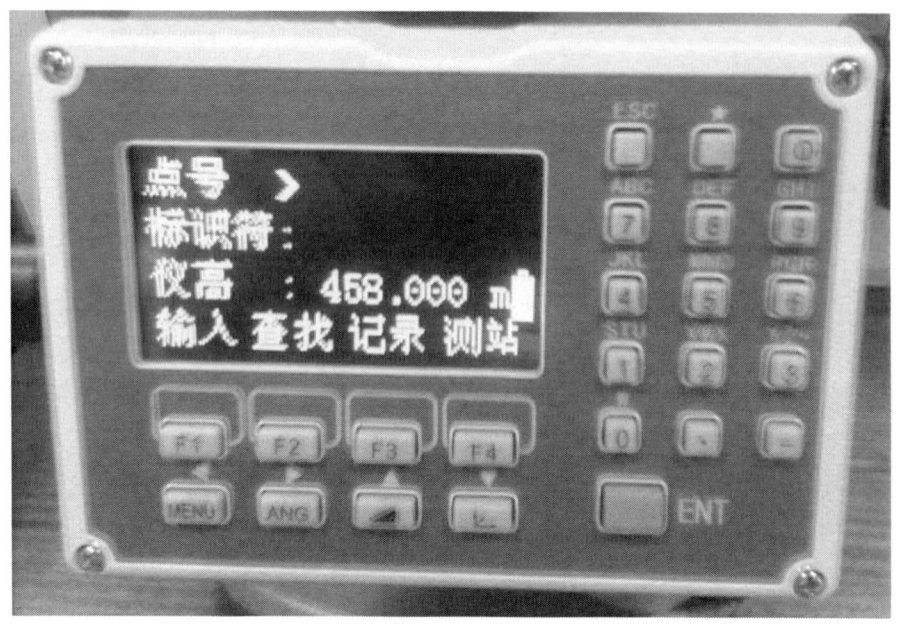

圖 1-7　測站點號及標示符的輸入界面

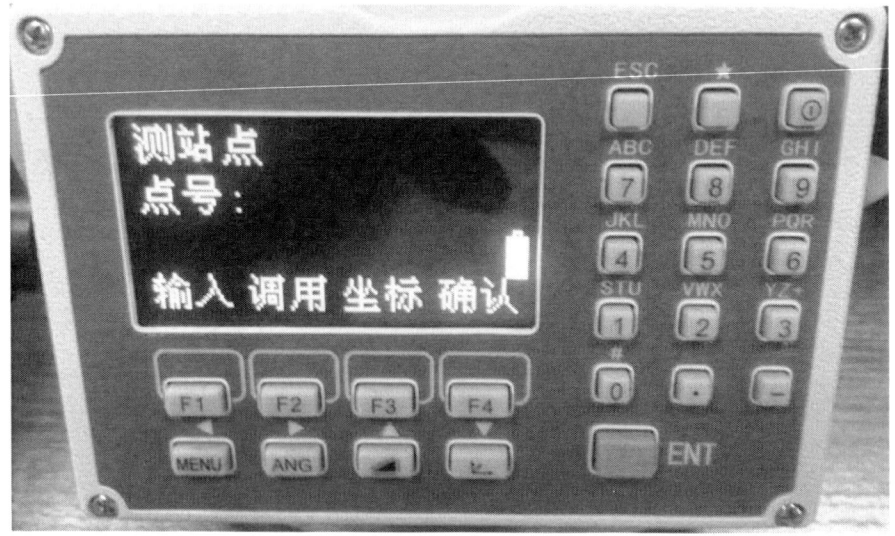

圖 1-8　測站點號的輸入界面

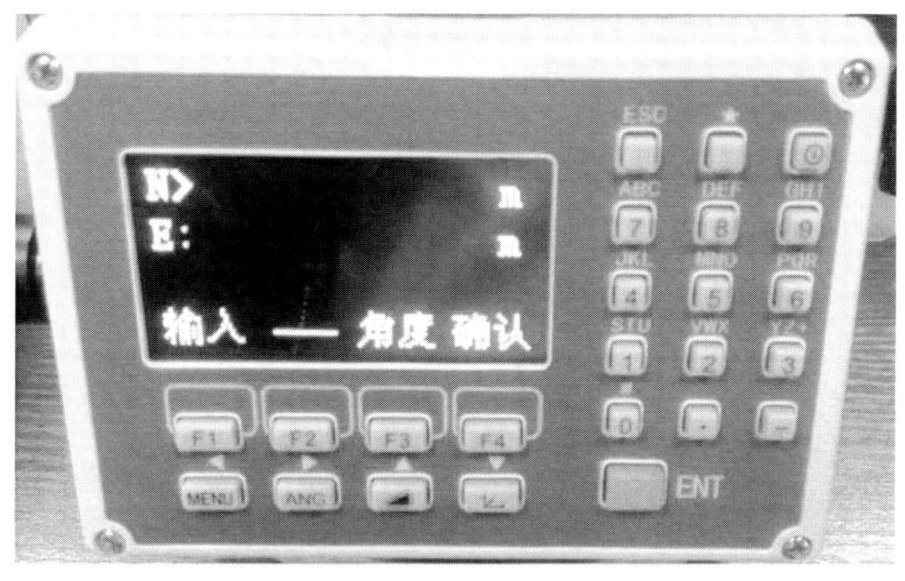

圖 1-9　測站點坐標的輸入界面

3. 後視點設置，後視點坐標設置為（0，0）。退回如圖 1-10 所示界面。點擊【F2】後視點設置。進入界面圖 1-11，點擊【F3】坐標進入界面（見圖 1-12），點擊【F4】後視，進入後視設置界面（見圖 1-13），點擊【F3】NEAZ 進入後視點坐標設置界面（見圖 1-14），在 N 處輸入 0，在 E 處也輸入 0，即把後視點坐標設置為（0，0）。

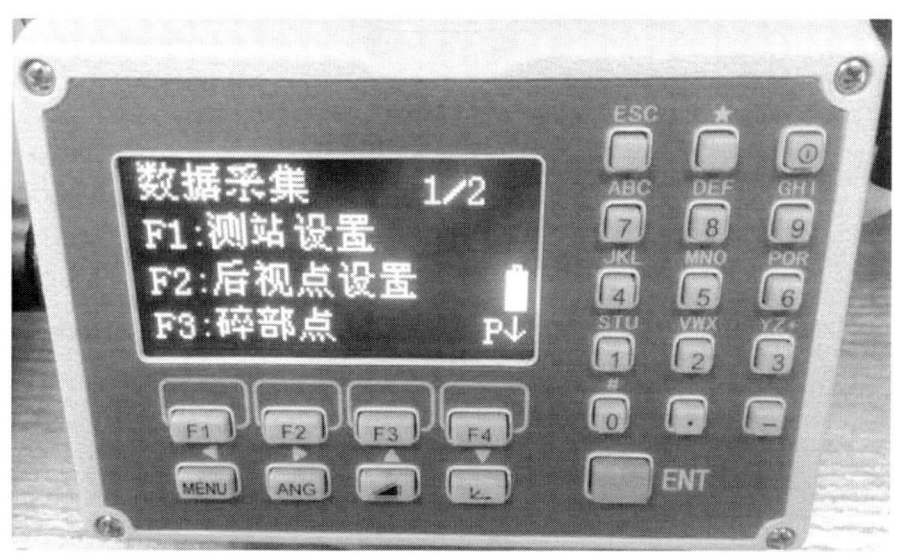

圖 1-10　後視點設置進入界面

8　土地資源管理實訓教程

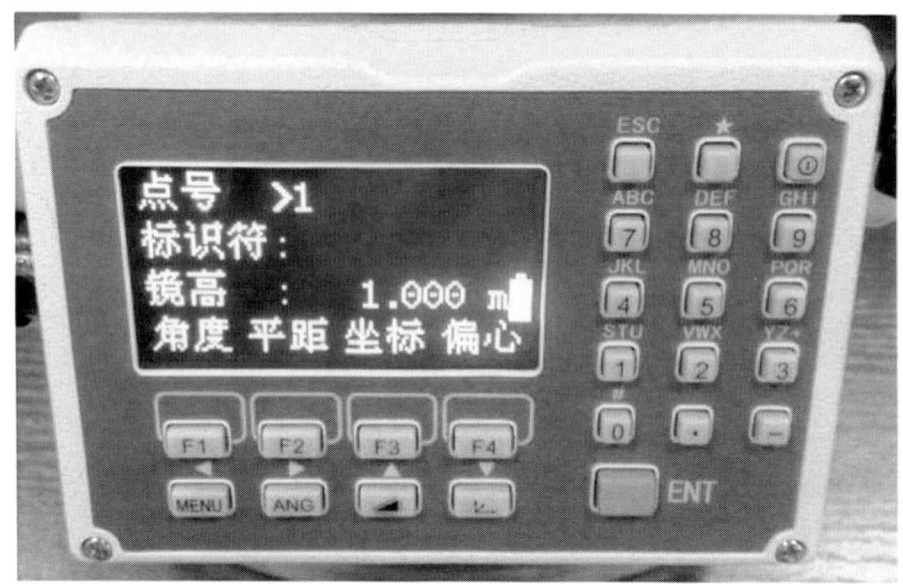

圖1-11　後視點點號及標示符輸入界面

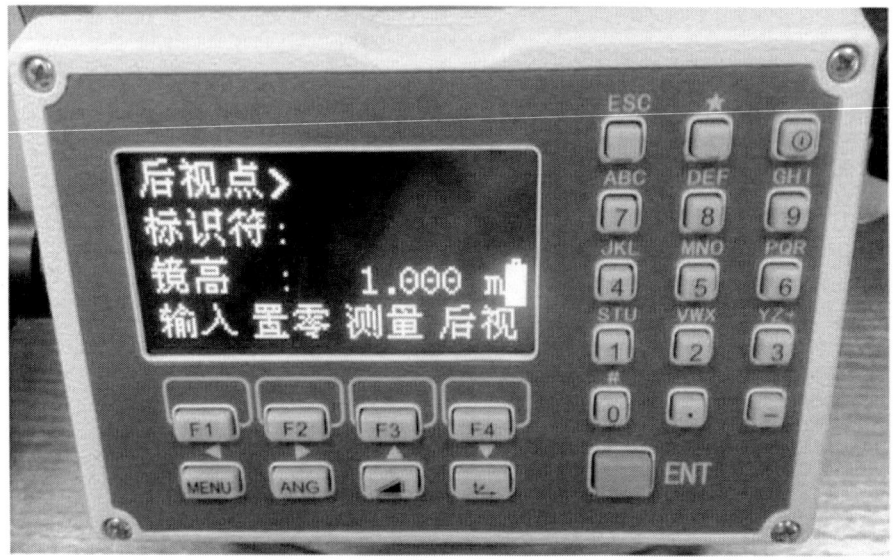

圖1-12　後視點坐標輸入界面第一步

圖 1-13　後視點坐標輸入界面第二步

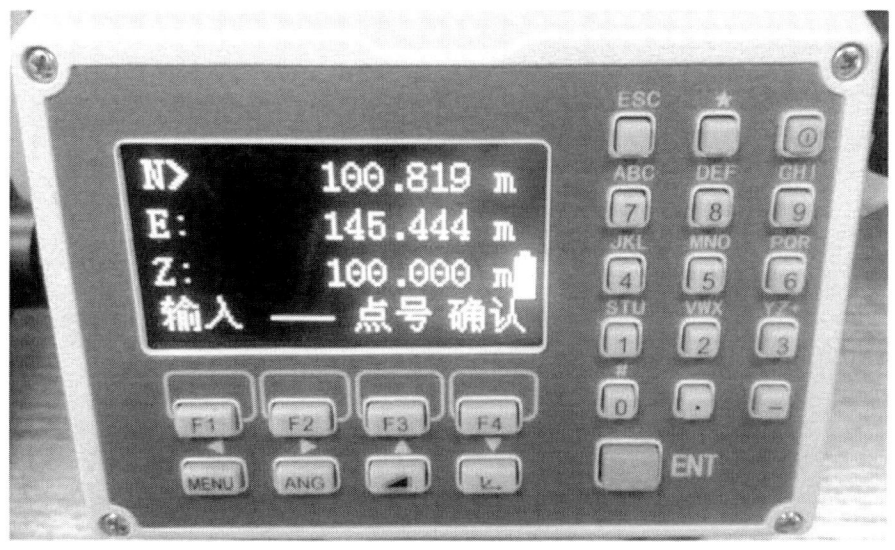

圖 1-14　後視點坐標輸入界面第三步

4. 進行碎步點測量。退回主界面（見圖 1-15），點擊【F3】進入碎步點測量界面（見圖 1-16），點擊【F3】進入碎步點測量界面。

10　土地資源管理實訓教程

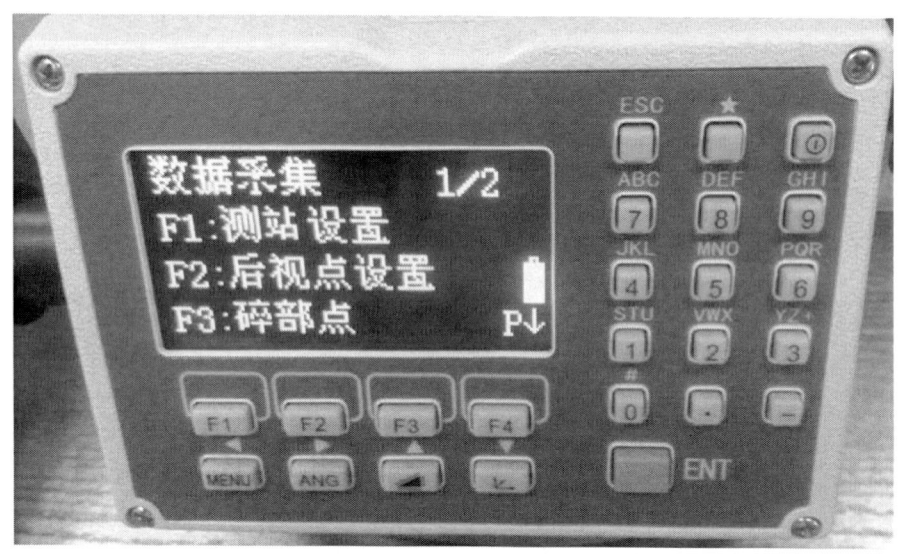

圖1-15　碎步點測量進入界面（一）

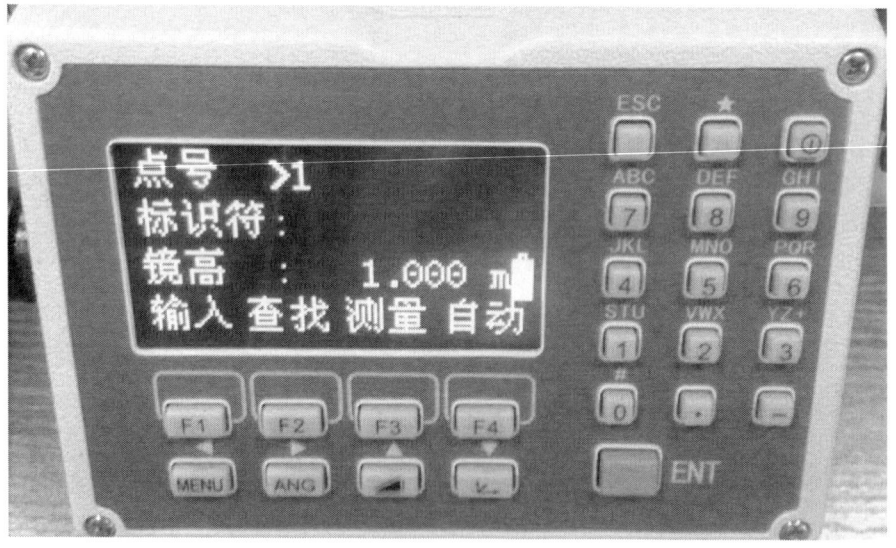

圖1-16　碎步點測量進入界面（二）

實驗項目三　測站搬遷的操作步驟

把需要架設的第二個站的站點坐標測量出來，然后把站搬至該點，並參考實驗項目二的步驟，把測站坐標輸入進去；最后選擇一個已知點作為后視點，在瞄準后視點后輸入該點的坐標數據，並保存。則搬站后的測站設置完成，即可進行新的碎步點的測量，並能保證所有新測點的坐標系統與搬站前的坐標系統保持不變。

實驗項目四　南方 CASS 地籍制圖與出圖

一、從全站儀中導出的 ∗.txt 文件轉為 CASS 可以識別的 ∗.dat 文件

1. 雙擊安裝「一光軟體」文件夾下的【FOIF 後處理軟體 V1.2】軟體，安裝成功後雙擊桌面上的【FOIF 後處理軟體 V1.2】圖標，打開【FOIF 後處理軟體 V1.2】，見圖 1-17。

圖 1-17　雙擊打開【FOIF 後處理軟體 V1.2】

2. 在【儀器類型選擇】列表中選擇【110】，打開【110系列全站儀後處理軟體】。

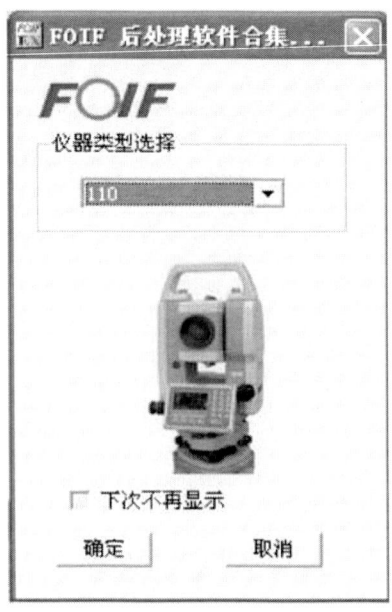

圖 1-18　儀器類型選擇【110】

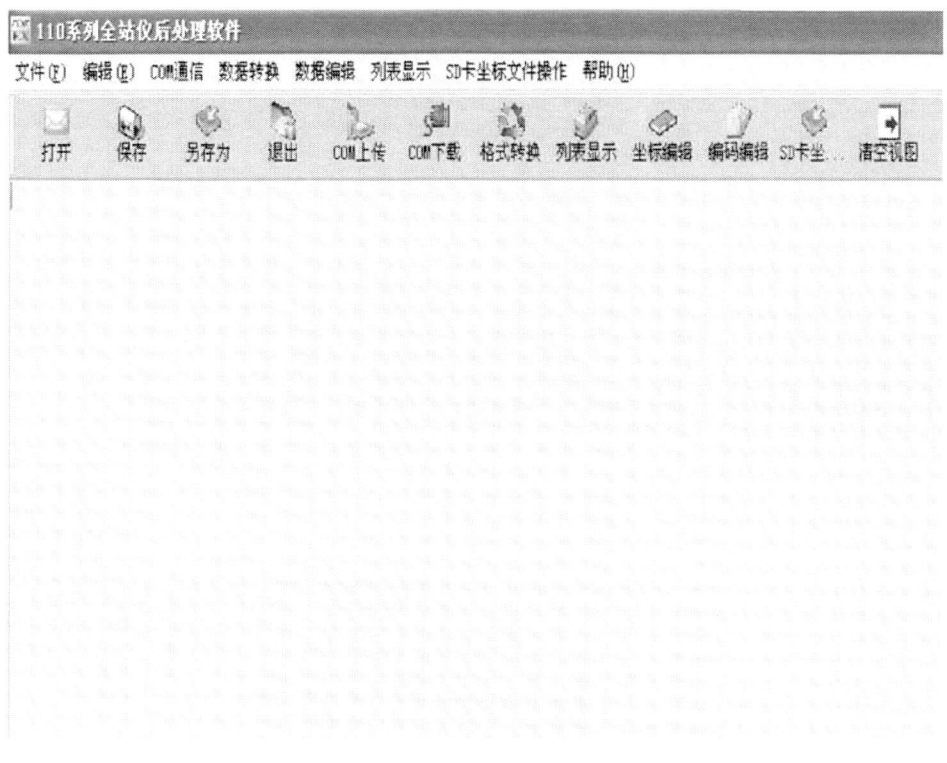

圖 1-19 【110系列全站儀後處理軟體】打開後效果圖

3. 點擊【打開】按鈕（見圖1-20），打開從全站儀裡拷貝出來的數據，一般為XX. txt。這裡我們使用的數據名為【HT. txt】，打開後的效果如圖1-21所示。

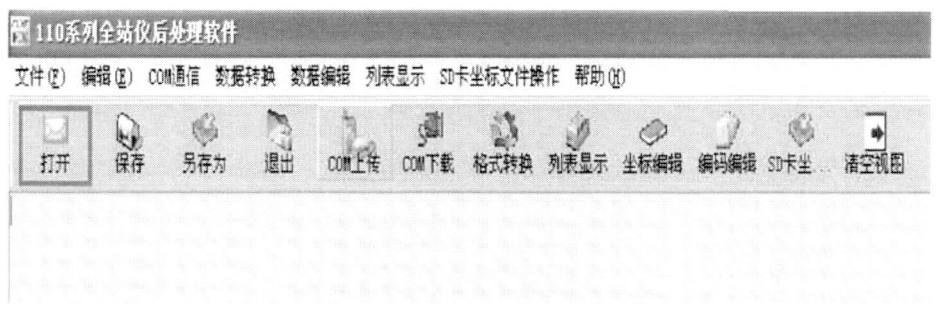

圖 1-20 點擊【打開】

14　土地資源管理實訓教程

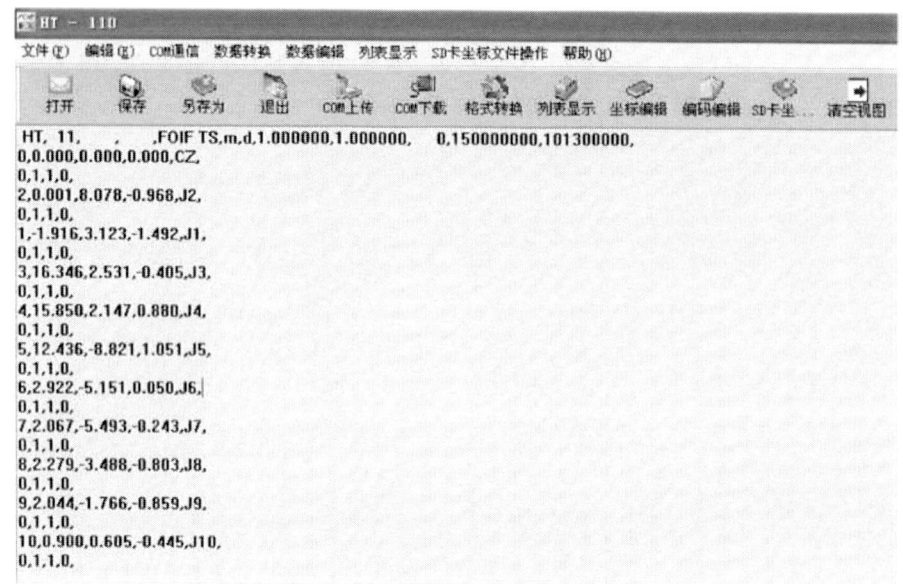

圖 1-21　數據打開後效果示意圖

4. 選擇【列表顯示】，彈出【數據列表顯示類型選擇】窗口，在【數據列表顯示類型選擇】窗口中選擇【SD 卡坐標數據列表顯示】，再點擊 OK，彈出【列表顯示窗口】。

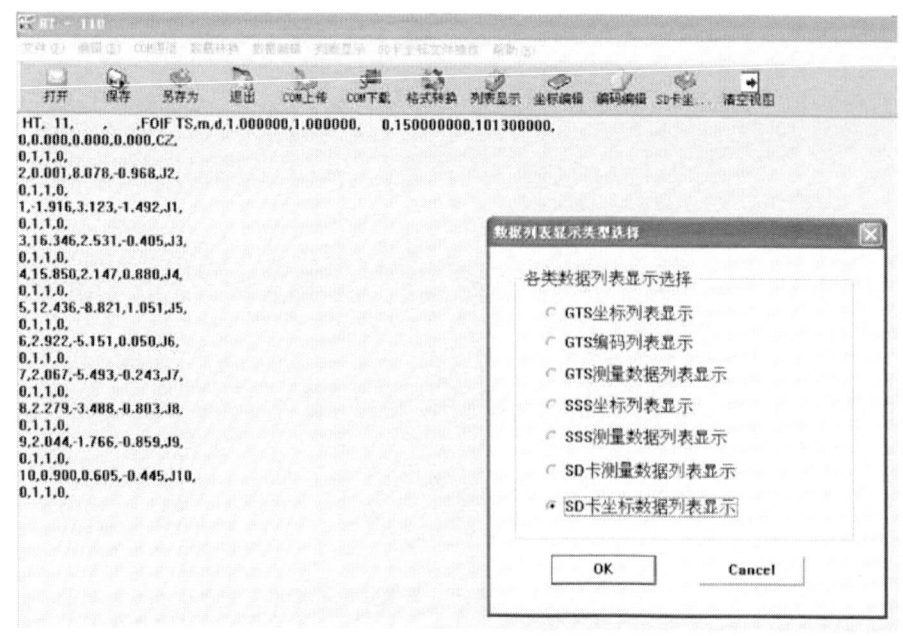

圖 1-22　選擇【SD 卡坐標數據列表顯示】

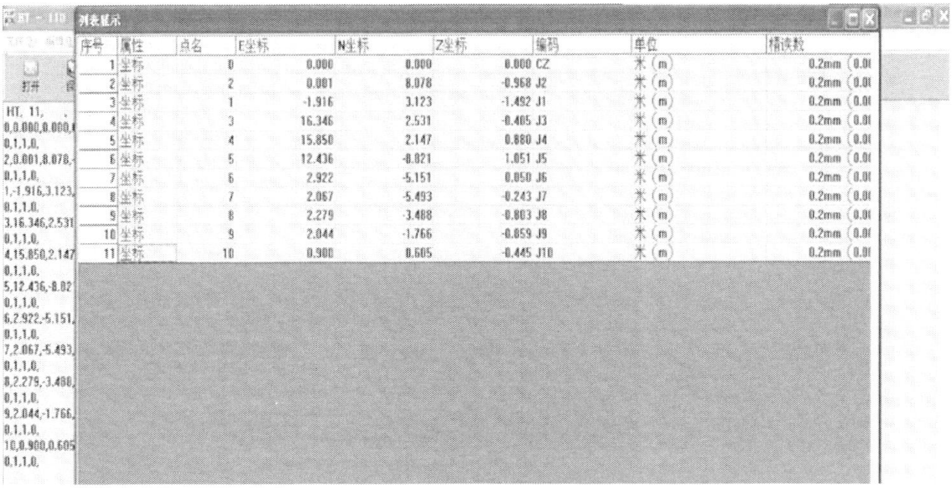

圖 1-23　選擇【列表顯示窗口】

5. 在【列表顯示】窗口中在列表框內點擊右鍵並選擇【SD 卡格式坐標數據】→【坐標導出】。見圖 1-24。

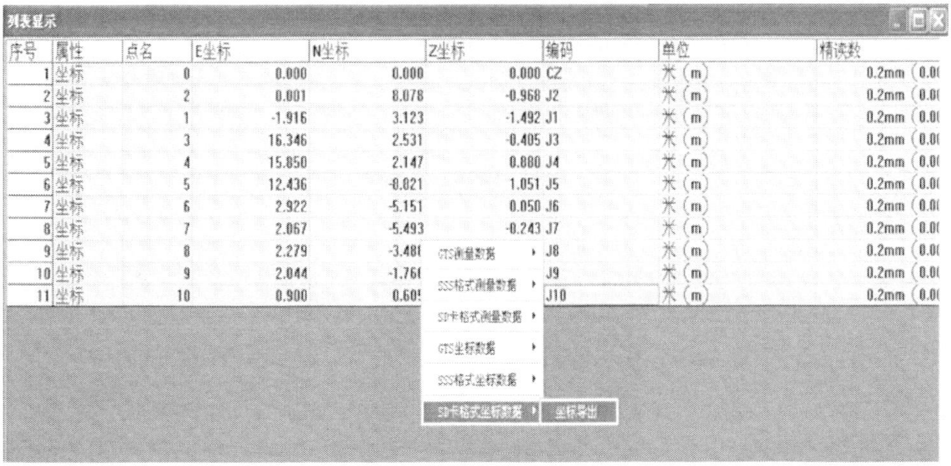

圖 1-24　選擇【坐標導出】

6. 在【坐標導出格式選擇】窗口（見圖 1-25）中，【目標數據格式】下拉菜單中選擇【PT#，PCode，Y，X，Z】，分隔符為【,】，並通過【瀏覽】選擇數據存儲路徑。

16　土地資源管理實訓教程

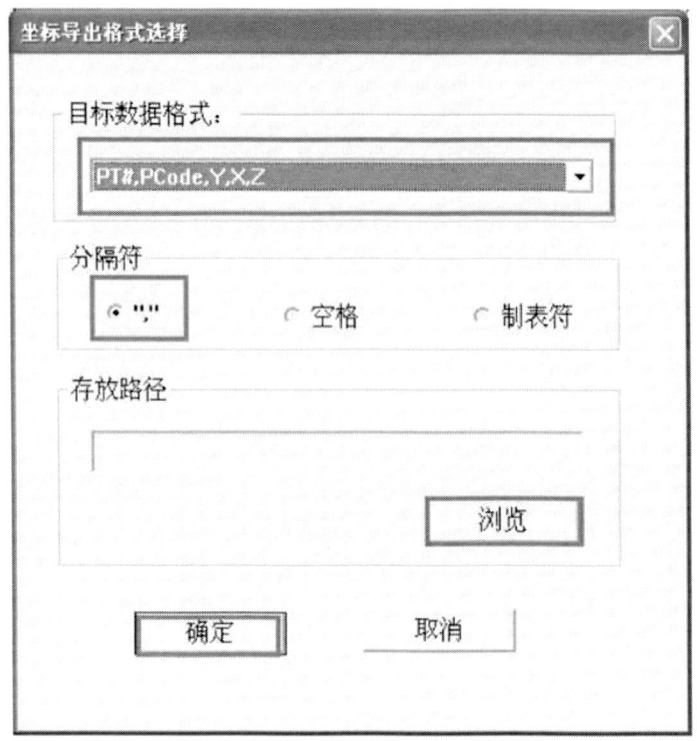

圖 1-25　進行【坐標導出格式選擇】

7. 選擇存儲的文件名和文件類型後，點擊保存按鈕，坐標數據導出並存儲到電腦內。見圖 1-26。

注意：一定要將【保存類型設置為 *.dat】，否則 CASS 軟體無法識別數據。

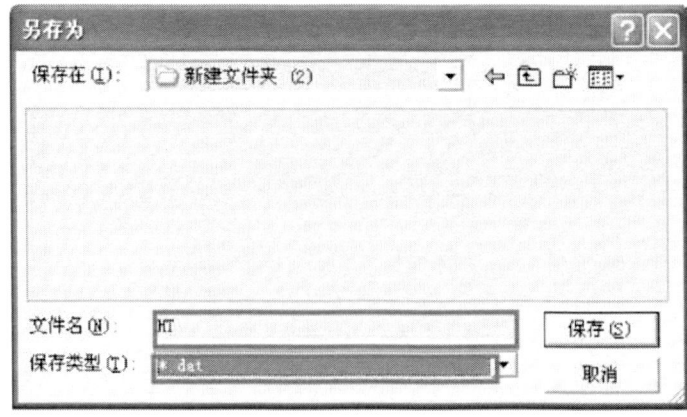

圖 1-26　將數據另存為 *.dat 格式，並選擇保存位置

8. 導出后將【FOIF 后處理軟件】關閉，以減少電腦內存占用量。

二、在 CASS9.0 中繪製平面圖

1. 雙擊桌面上【CASS9.0 For AutoCAD2004】的圖標（見圖 1-27）打開軟件，打開后的界面如圖 1-28 所示。

圖 1-27　雙擊【CASS9.0 For AutoCAD2004】的圖標打開軟件

圖 1-28　【CASS9.0 For AutoCAD2004】打開效果圖

2.【繪圖處理】→【定顯示區】→【繪圖處理】→【展野外測點代碼】→打開導出的 DAT 文件。見圖 1-29、圖 1-30。

18　土地資源管理實訓教程

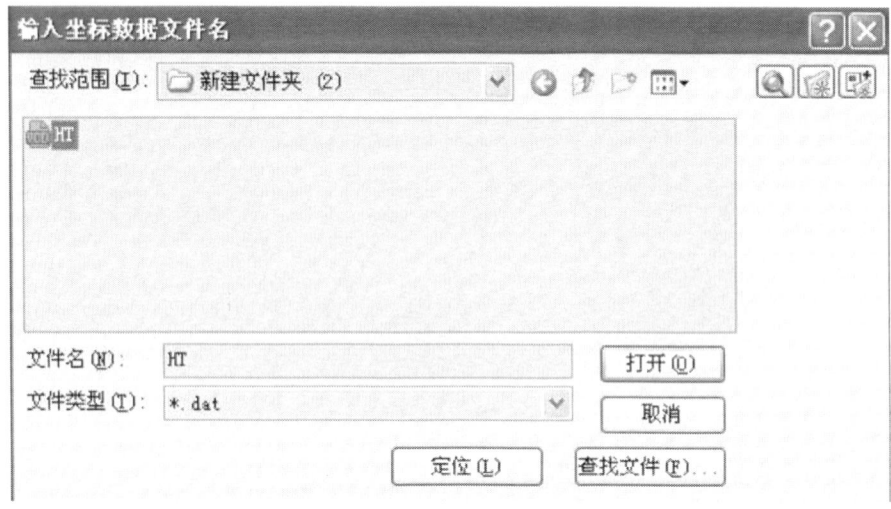

圖 1-29　選擇要打開的測量數據文件名

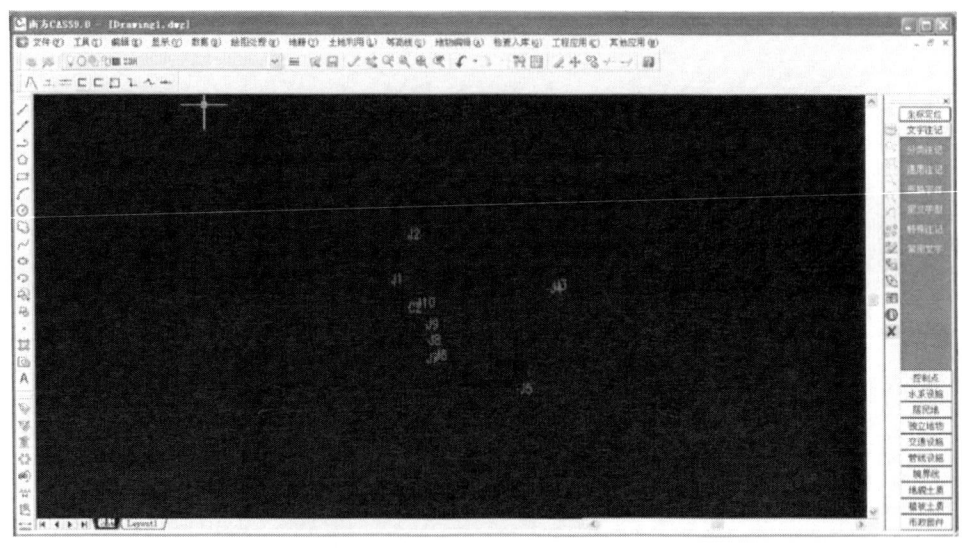

圖 1-30　測量數據打開效果圖

3.【顯示】→【工具欄】，在【自定義】窗口中的【工具欄】下找到【繪圖】，並打上【√】，打開繪圖工具欄。見圖 1-31、圖 1-32。

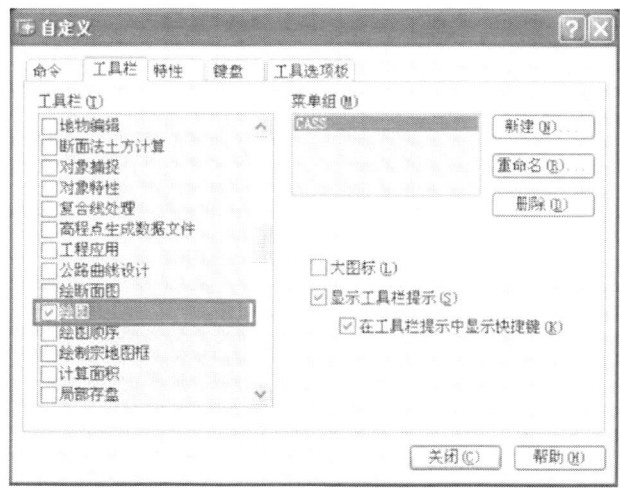

圖 1-31 選擇【繪圖】

圖 1-32 【繪圖】工具欄打開效果圖

4. 選擇【繪圖工具欄】中的【多段線】，並打開【對象捕捉】（見圖1-33），然後開始繪圖。見圖1-34。

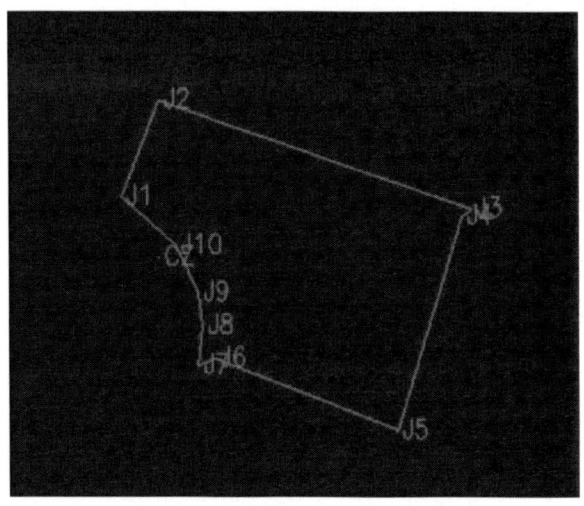

圖1-33　打開【對象捕捉】

圖1-34　平面圖繪製成功效果圖

三、用複合線生成權屬

這種方法在一個宗地即一棟建築物的情況下特別好用，否則就需要先手工沿著權屬線畫出封閉複合線。

選擇【地籍】菜單下的【權屬文件生成】之【由複合線生成】項，輸入地籍權屬信息數據文件名並選擇保存路徑后，命令區提示：

選擇複合線（按回車鍵結束）：用鼠標點取一棟封閉建築物。（在紅線上單擊）

輸入宗地號：輸入【0010100001】，按回車鍵。

輸入權屬主：輸入【重慶工商大學融智學院】，按回車鍵。

輸入地類號：輸入【44】，按回車鍵。

該宗地已寫入權屬信息文件！

請選擇：①繼續下一宗地。②退出〈1〉；輸入 2，按回車鍵。
說明：選①則重複以上步驟繼續下一宗地，選②則退出本功能。

四、通過權屬訊息數據文件繪製地籍圖

選擇【地籍】→【依權屬文件繪權屬圖】，繪製地籍圖。見圖 1-35。

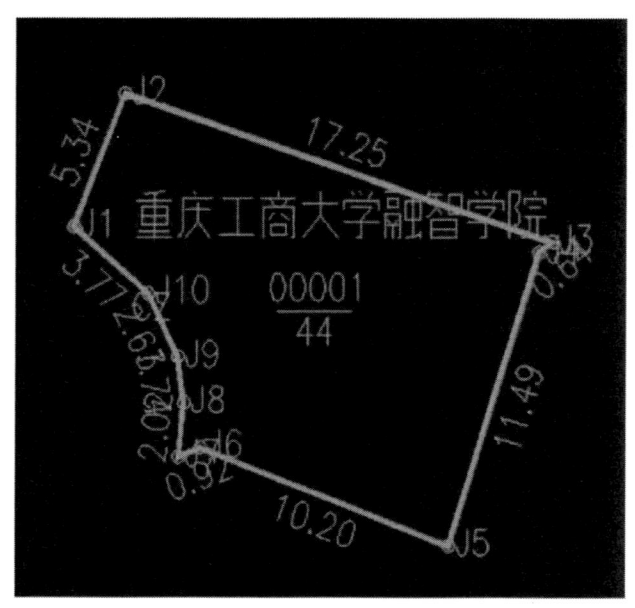

圖 1-35　選擇【依權屬文件繪權屬圖】

五、修改宗地屬性

選取【地籍成圖】菜單下的【修改宗地屬性】功能。
屏幕提示：
選擇宗地：用鼠標點取宗地權屬線或註記均可，點中後系統會彈出【修改宗地屬性】對話框。見圖 1-36。
將土地利用類別由 44 改為 083（科教用地）。

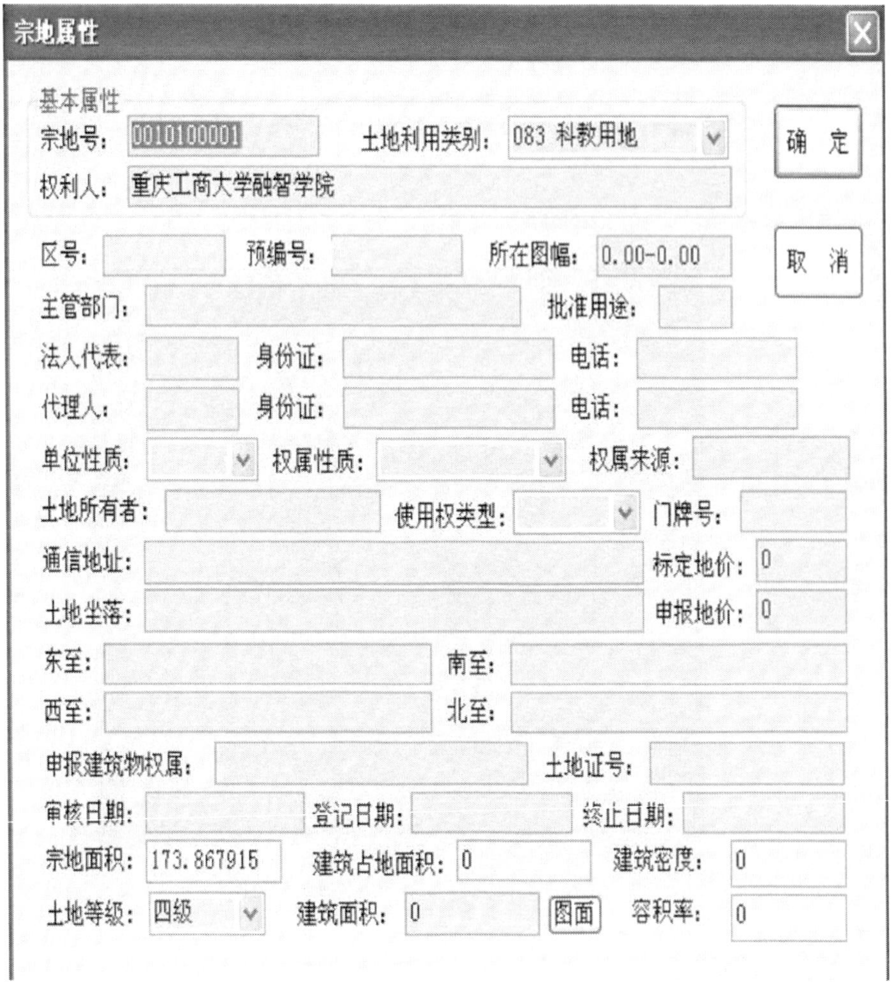

圖 1-36 【修改宗地屬性】

六、輸出宗地圖

1. 地籍信息設置

選擇【地籍】→【地籍參數設置】，打開【地籍參數設置】窗口，設置地籍相關信息。見圖 1-37、圖 1-38。

圖 1-37　選擇【地籍參數設置】

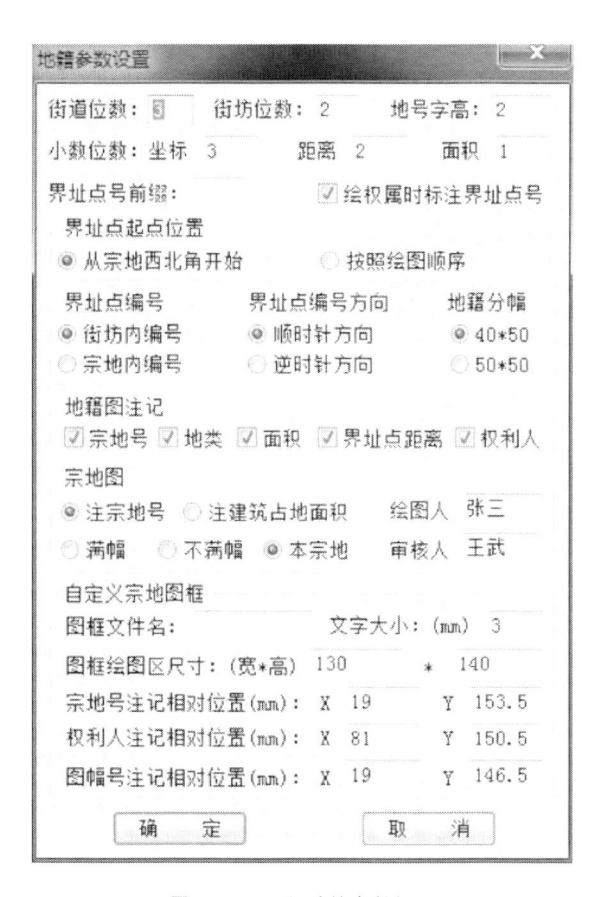

圖 1-38　進行地籍參數設置

2. 繪製宗地圖框

在選單欄中單擊【地籍】→【繪製宗地圖框】→【A4橫】→【單塊宗地】，繪製宗地圖框。見圖1-39。

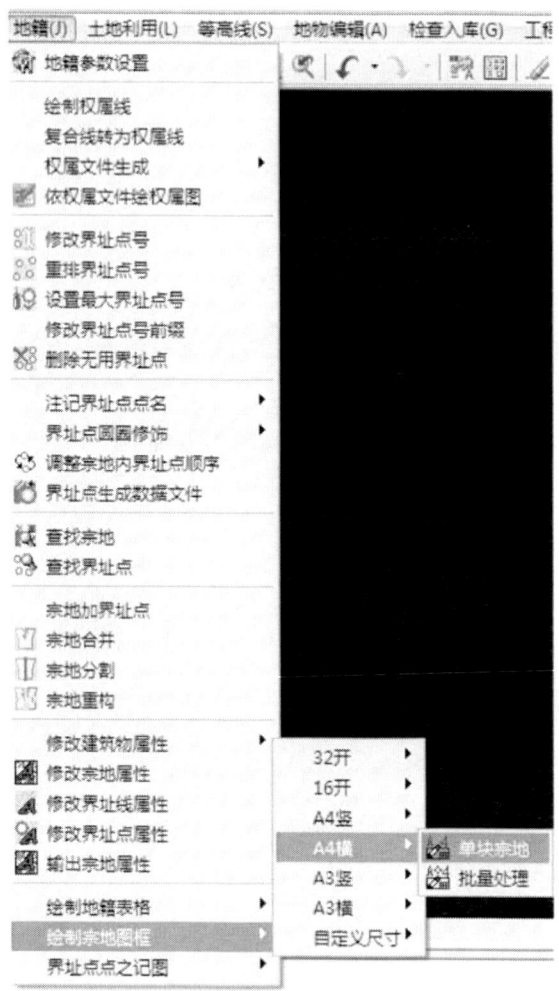

圖1-39 設置宗地圖框

3. 輸出宗地圖

選擇選單欄中的【文件】→【繪圖輸出】→【打印】，對打印參數進行設置並確定。見圖1-40、圖1-41。

圖 1-40　選擇【打印】

圖 1-41　進行【打印】參數設置

七、繪製地籍表格

1. 界址點成果表

【地籍】→【繪製地籍表格】→【界址點成果表】。

命令區提示：

用鼠標指定界址點成果表的點；用鼠標指定界址點成果表放置的位置。

（1）手工選擇宗地；（2）輸入宗地號<1>回車默認選1。

選擇對象：拉框選擇需要出界址表格的宗地。

是否批量打印（Y/N）？<N>按回車鍵默認不批量打印。

用鼠標指定界址點成果表的定位位置，移動鼠標到您所需的位置（鼠標點取的位置即是界址點成果表表格的左下角位置）按下左鍵，符合範圍宗地的界址點成果表隨即自動生成。

圖1-42 【界址點成果表】輸出效果圖

2. 界址點坐標表

選擇【地籍】→【繪製地籍表格】→【界址點坐標表】，命令區提示：

請指定表格左上角點：用鼠標點取屏幕空白處一點。

請選擇定點方法：①選取封閉複合線；②逐點定位 <1>按回車鍵默認選 1。

選擇複合線：用鼠標選取圖形上一代表權屬線的封閉複合線。

圖 1-43 是【界址點坐標表】輸出效果圖。

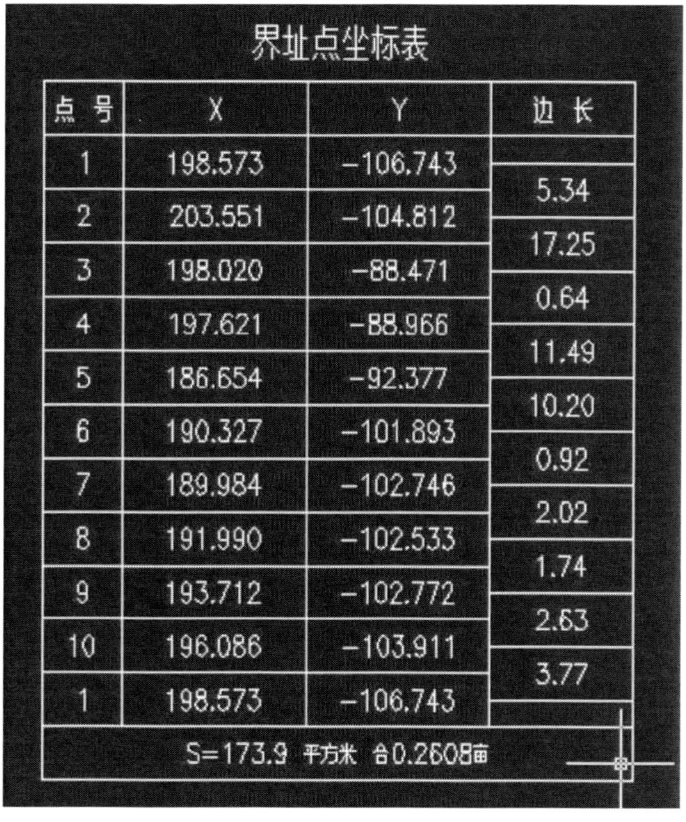

点号	X	Y	边长
1	198.573	-106.743	
2	203.551	-104.812	5.34
3	198.020	-88.471	17.25
4	197.621	-88.966	0.64
5	186.654	-92.377	11.49
6	190.327	-101.893	10.20
7	189.984	-102.746	0.92
8	191.990	-102.533	2.02
9	193.712	-102.772	1.74
10	196.086	-103.911	2.63
1	198.573	-106.743	3.77

S=173.9 平方米 合0.2608亩

圖 1-43 【界址點坐標表】輸出效果圖

3. 面積分類統計表

選擇【地籍】→【繪製地籍表格】→【面積分類統計表】，命令區提示：

輸入街道號：輸入 001。

彈出對話框要求輸入權屬信息數據文件名，輸入 HT. QS，命令區提示：

輸入面積分類表左上角坐標：用鼠標點取要插入表格的左上角點。

圖 1-44 是【面積分類統計表】輸出效果圖。

面積分類統計表

土地類別		面積
代碼	用途	
44		173.87
		173.87

圖 1-44 【面積分類統計表】輸出效果圖

4. 街道面積分類統計表

選擇【地籍】→【繪製地籍表格】→【街道面積分類統計表】，命令區提示：
輸入街道號：輸入 001。
彈出對話框要求輸入權屬訊息數據文件名，輸入花壇.QS，命令區提示：
輸入面積統計表左上角坐標：用鼠標點取要插入表格的左上角點。
圖 1-45 是【街道面積分類統計表】輸出效果圖。

圖 1-45 【街道面積分類統計表】輸出效果圖

八、最後需要提交的成果

1. JPEG 格式的宗地圖。
2. 地籍表格：
 （1）界址點成果表；
 （2）界址點坐標表；
 （3）面積分類統計表；
 （4）街道面積分類統計表。

第二章 農村土地調查實訓

課程編號：Z22009
課程名稱：農村土地調查實訓
實驗總學時數：50個
適用專業：土地資源管理專業
承擔實驗室：土地測繪實驗室、國土房產訊息綜合實驗室

實驗教學目的和要求

　　土地調查是指全面查清土地資源和利用狀況，掌握真實、準確的土地基礎數據，為科學規劃、合理利用、有效保護土地資源，實施最嚴格的耕地保護制度，為加強和改善宏觀調控提供依據，促進經濟社會全面協調可持續發展。通過本次實訓，學生將增強對已學過的《土地調查與土地評價》《地理信息系統》《遙感概論》等專業課程的感性認識，鞏固土地資源調查與GIS空間數據建庫的理論知識，熟悉土地資源調查的工作方法，能夠獨立完成外業調繪、土地利用數據建庫和土地利用現狀調查報告的編寫。實訓完成後需要具備以下能力：

1. 掌握土地利用現狀調查、年度變更調查的工作流程和工作思路；
2. 掌握遙感影像圖的糾正、標準分幅影像圖的製作及影像判讀；
3. 掌握利用航片或衛片進行土地利用現狀調查、變更調查的技術路線；
4. 掌握土地利用現狀調查、變更調查中外業調查的工作內容和工作方法；
5. 掌握土地利用現狀調查、變更調查中內業建庫的工作內容與工作方法；
6. 掌握利用MapGIS K9軟件建立土地利用管理信息系統的技術，完成面積統計和製作專題圖；
7. 掌握根據調查區域內各類土地利用類型的數量、質量、分佈狀況，分析當前土地利用存在的問題，並提出有針對性的管理措施。

實驗項目一　熟悉調查基本程序及準備相關資料

本次實訓主要以重慶工商大學融智學院附近區域為調查目標，以 1：1 萬正射影像圖（DOM）為調查底圖，按照全國第二次土地調查技術標準，逐地塊實地調查土地的地類、位置、範圍和面積等利用狀況。農村土地調查分為調查和匯總兩大部分，主要包括準備階段、地類調查階段、外業階段、內業階段、成果檢查驗收和核查等階段。

1. 準備階段

調查準備工作包括技術準備、人員準備、資料準備和儀器設備準備等。技術準備主要包括制訂實施方案和技術細則等；人員準備主要包括調查隊伍的確定、人員的培訓；儀器設備準備主要包括全站儀、GPS 接收機、鋼（皮）尺、計算機等。

調查準備工作做得越細、越周到、越充分，調查的質量和效率就越高；未準備充分就開展調查，容易導致工作效率低下，甚至增加不必要的返工和重複工作。

2. 資料收集

資料收集主要包括以往調查形成的土地利用數據庫、土地利用圖、調查手簿、城鎮地籍調查圖件等資料。

3. 外業階段

在確定的行政區域調查界線，到實地直接對影像進行識別，將地類、界線以及必要的註記等調查內容調繪、標繪、標註在調查底圖上或記錄在《農村土地調查記錄手簿》上。對於影像上未反應的新增地物，採用測量技術方法予以補測。

4. 內業階段

內業階段主要包括三方面的工作：一是整理外業調查原始圖件、《農村土地調查記錄手簿》等調查資料；二是依據外業調查原始圖件和資料，建設農村土地調查數據庫，匯總輸出土地利用現狀圖件和各類土地面積統計表；三是編寫調查報告，總結經驗，提出合理利用土地資源的建議等。

5. 成果檢查驗收和提交階段

主要成果包括調查底圖及《農村土地調查記錄手簿》、各類土地面積數據、土地利用現狀圖件、土地調查成果分析報告、土地利用數據庫。

實驗項目二　外業調查

利用 DOM 和已有土地調查成果等資料，按現狀實地調查地類及其界線。地類調查至《土地利用現狀分類》的二級類。

1. 線狀地物調查

線狀地物包括河流、鐵路、公路、管道用地、農村道路、林帶、溝渠和田坎等。

線狀地物寬度大於等於圖上 2 毫米的，按圖斑調查。

線狀地物寬度小於圖上 2 毫米的，調繪中心線，用單線符號表示，稱為單線線狀地物（以下未做特別說明的線狀地物是指單線線狀地物），並按附錄三要求在寬度均勻處實地量測寬度，精確至 0.1 米；當寬度變化大於 20% 時，應分段量測寬度。

2. 圖斑調查

圖斑是指單一地類地塊以及被行政界線、土地權屬界線或線狀地物分割的單一地類地塊。

明顯界線與 DOM 上同名地物的移位不得大於圖上 0.3 毫米，不明顯界線不得大於圖上 1.0 毫米。

最小上圖圖斑面積：城鎮村及工礦用地為 4 平方毫米，耕地、園地為 6 平方毫米，林地、草地等其他地類為 15 平方毫米。

3. 零星地物調查

零星地物是指耕地中小於最小上圖圖斑面積的非耕地或非耕地中小於最小上圖圖斑面積的耕地。零星地物可不調查。對零星地物較多地區，可根據本地區實際情況自行制定具體調查方法，開展調查。

4. 地物補測

補測實地相對 DOM 發生變化的部分。

補測的地物點相對鄰近明顯地物點距離限差，平地、丘陵地不得大於圖上 0.5 毫米，山地不得大於圖上 1.0 毫米。

5. 調查底圖標繪及手簿填寫

外業調查完成後，調查底圖應完整標繪全部調查信息，包括地類及其界線、線狀地物及寬度、補測地物以及編號和註記等。

編號採用的 ab/c 形式，對地類圖斑、線狀地物分別按從左到右、自上而下由【1】

順序編號。補測地物的編號在順序號前加【B】。a 表示圖斑順序號（在同一調查權屬單位內不能重複），b 表示權屬性質，即國有（G）或村集體（J），一般村集體（J）可以不標註，c 表示圖斑地類編號。圖斑的其他屬性主要包括坐落、權屬單位、權屬性質等，記載在《土地調查記錄手簿》中。

《農村土地調查記錄手簿》（見附錄三、附錄四）應記載圖斑地類、權屬，以及有關線狀地物權屬、寬度等信息。地物補測應繪製草圖，並在備註欄予以說明。

實訓項目三 創建空間數據庫

1. 創建數據庫

打開 MapGIS K9 軟件，在【GDB 企業管理器】中的【MapGISLocal】上點擊鼠標右鍵，選擇【創建數據庫】，進行數據庫的創建，將數據庫命名為命名為【JKGYY2015101501】。

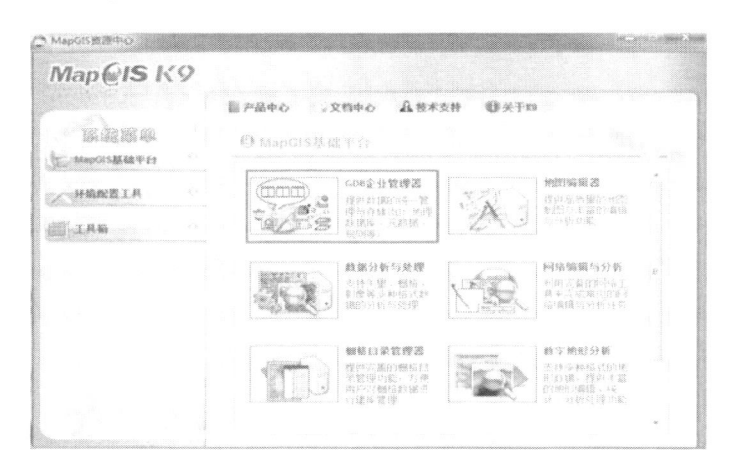

圖 2-1　啓動【GDB 企業管理器】

圖 2-2　選擇【創建數據庫】

2. 影像轉換

在創建的【JKGYY2015101501】數據庫上點擊鼠標右鍵→【空間數據】→【柵格數據集】→【導入】→【導入影像】。選擇【輸入文件類型】為【TIFF文件】，點擊【添加文件】為【H48G057072DOM】.tif，然后點擊【轉換】進行轉換。見圖2-3、圖2-4、圖2-5、圖2-6。

圖2-3 導入影像

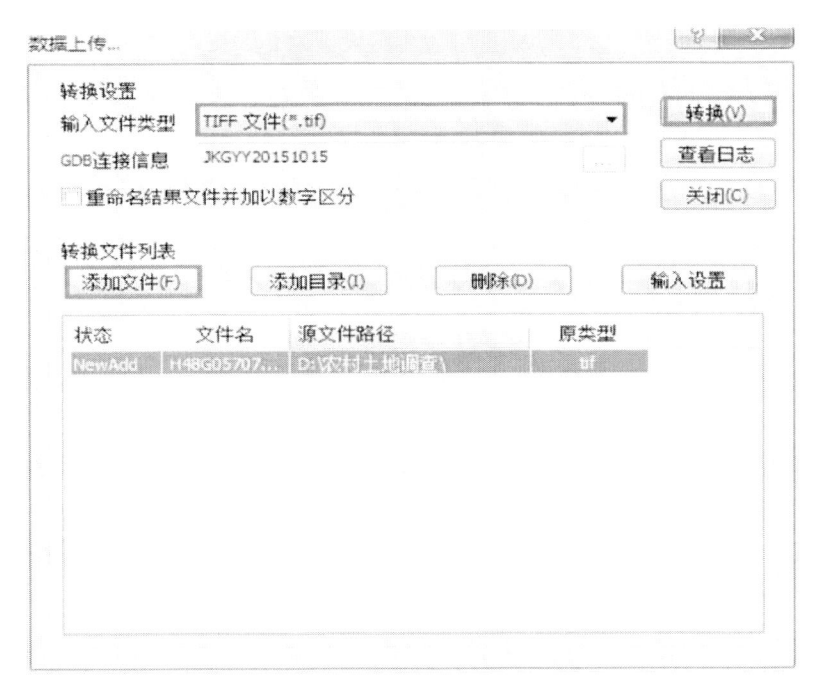

圖 2-4 添加【H48G057072DOM】

圖 2-5 影像導入成功後提示【Success】

圖 2-6 【柵格數據集】下可以看到【H48G057072DOM.tif】，說明導入成功

3. 添加圖層

打開地圖編輯器，在【文檔管理】窗口下的【新地圖】上點擊鼠標右鍵，選擇【添加圖層】，在彈出【選擇文件或類】窗口時單擊【MapGISLocal】圖標，找到【JKGYY20151015O1】並雙擊打開，找到並選中之前導入的【H48G057072DOM】影像將其添加到【地圖編輯器中】。見圖 2-7。

圖 2-7 在【MapGISLocal】中找到【H48G057072DOM】並打開

4. 影像校正

(1) 使圖層處於編輯狀態

用鼠標右鍵點擊【H48G057072DOM】圖層，然後選擇【當前編輯】，使文件處於當前編輯狀態。見圖2-8、圖2-9。

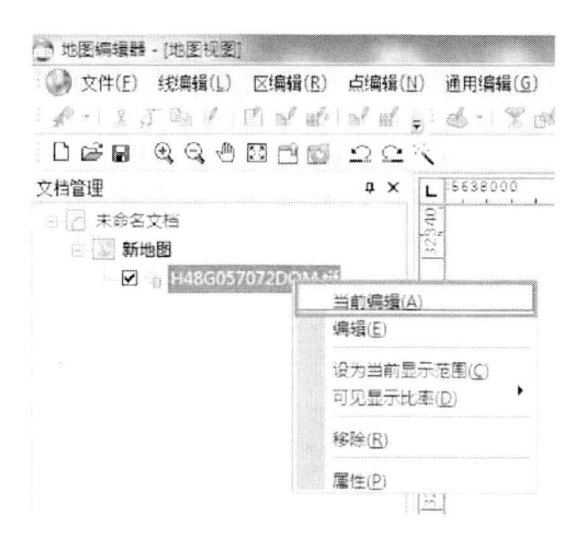

圖2-8　選擇【當前編輯】，使【H48G057072DOM】圖層處於當前編輯狀態

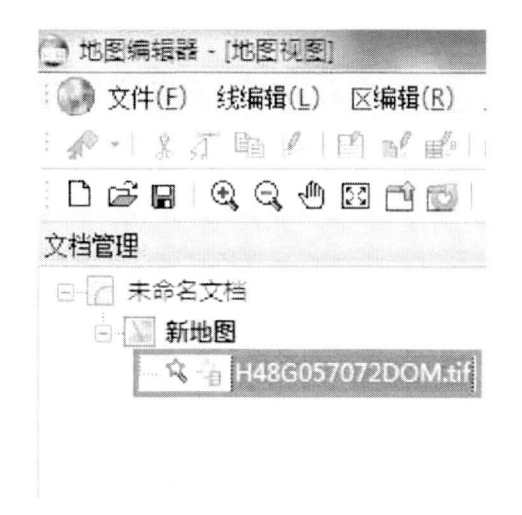

圖2-9　圖層處於當前編輯狀態

(2) 開啓柵格校正視圖

將視圖模式由【地圖視圖】切換到【柵格校正視圖】，這時影像沒有顯示。用鼠

標點擊【影像工具條】中的 ▶【開始柵格校正】，影像將顯示出來。見圖 2-10、圖 2-11。

圖 2-10　切換到柵格校正視圖

圖 2-11　點擊【開始柵格校正】，將影像顯示在窗口中

(3) 生成圖幅控制點

用鼠標點擊工具欄中的 【圖幅生成控制點】，彈出【標準圖幅生成控制點…】對話框。用鼠標點擊【輸入圖幅訊息】，在彈出的【圖幅訊息…】對話框中對圖幅訊息進行完善。見圖 2-12、圖 2-13、圖 2-14。

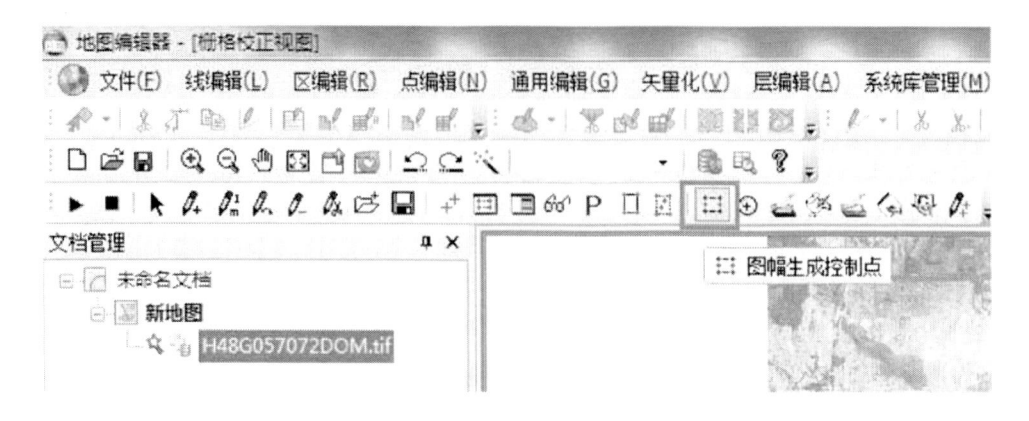

圖 2-12　【圖幅生成控制點】，生成圖幅控制點

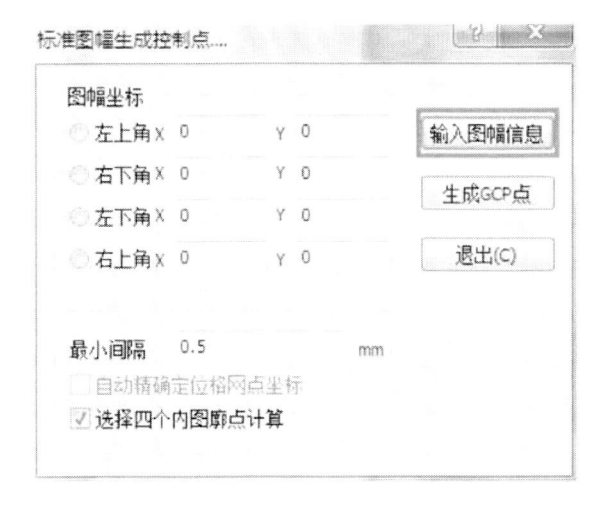

圖 2-13　點擊【輸入圖幅訊息】

圖 2-14　輸入圖幅號對圖幅訊息進行完善

　　點擊確定，圖幅坐標發生了變化。如圖 2-15 所示，然後分別點擊圖幅坐標；最後點擊【生成 GCP 點】，查看殘差是不是在允許範圍內，見圖 2-16。

圖 2-15　生成 GCP 點

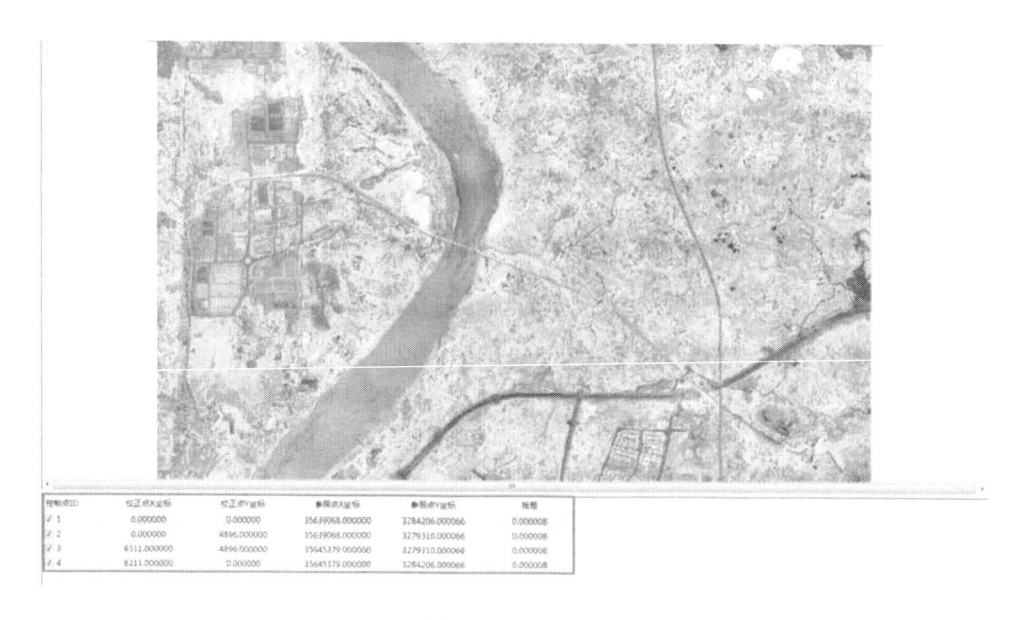

圖 2-16　查看殘差

若殘差不在允許範圍內，點擊工具欄 ⊕ 圖標，順序修改控制點，移動鼠標使十字絲與控制點 1 的那個角重合，然后按空格鍵進行下一個控制點的修改，修改完成后點擊空格鍵結束。見圖 2-17。

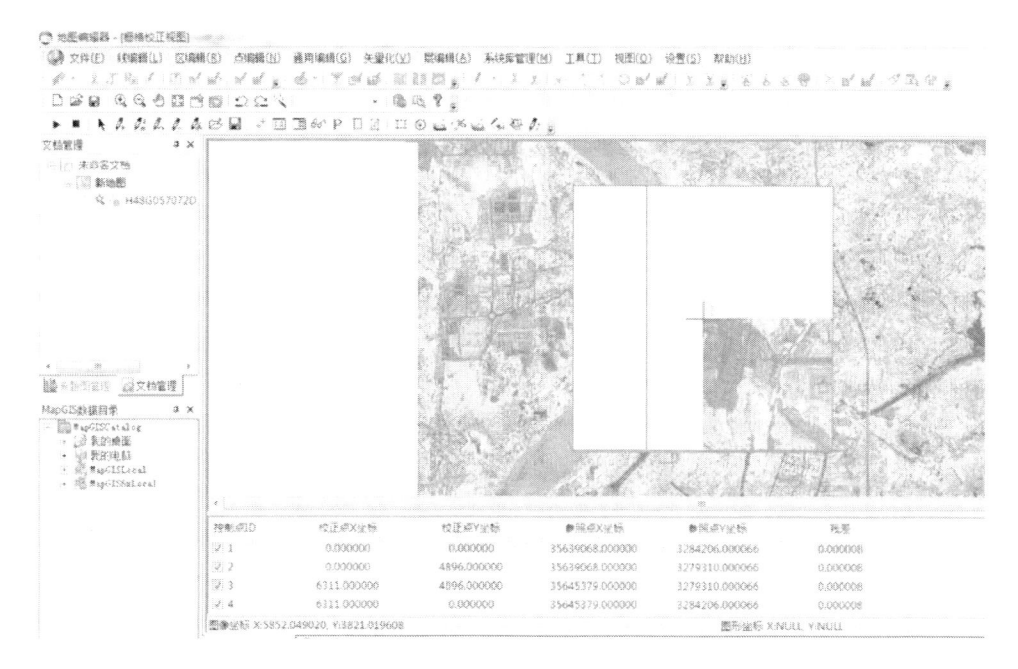

圖 2-17　修改控制點

(4) 逐格網校正

點擊工具欄 圖標，彈出【另存為】對話框，選擇保存位置為【農村土地調查】文件夾，文件名為【校正影像】，點擊【保存】。見圖 2-18、圖 2-19。

圖 2-18　點擊【逐格網校正】

圖 2-19　選擇保存位置，輸入保存文件名

　　點擊【保存】後出現【變換參數設置】對話框，是圖幅的一些參數訊息。點擊【確定】進行【逐三角格網校正】，校正完成後出現【逐格網校正完成】對話框時點擊【確定】。見圖 2-20、圖 2-21、圖 2-22。

圖 2-20　【變換參數設置】對話框

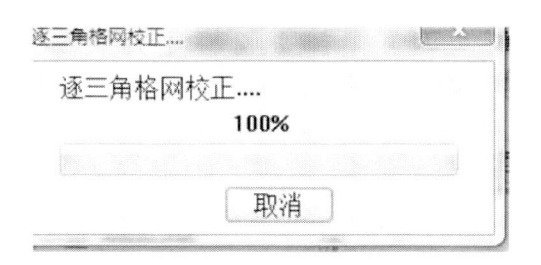

圖 2-21　逐三角網校正

圖 2-22　校正完成後出現【逐格網校正完成】對話框時點擊【確定】

點擊工具欄【結束柵格校正】■圖標，完成影像校正。出現一個【是否保存控制點文件】提示框，點擊【否】。見圖 2-23。

圖 2-23　點擊【結束柵格校正】，完成影像校正

(5) 轉換【校正後影像】

雙擊【MapGISLocal】→找到【JKGYY2015101501】，並點擊鼠標右鍵→【導入】→【導入影像】。見圖 2-24。

選擇【輸入文件類型】為【MSI 文件】→【添加文件】→選擇上一步保存的【校正影像.msi】→【打開】→【轉換】→【關閉】。見圖 2-25。

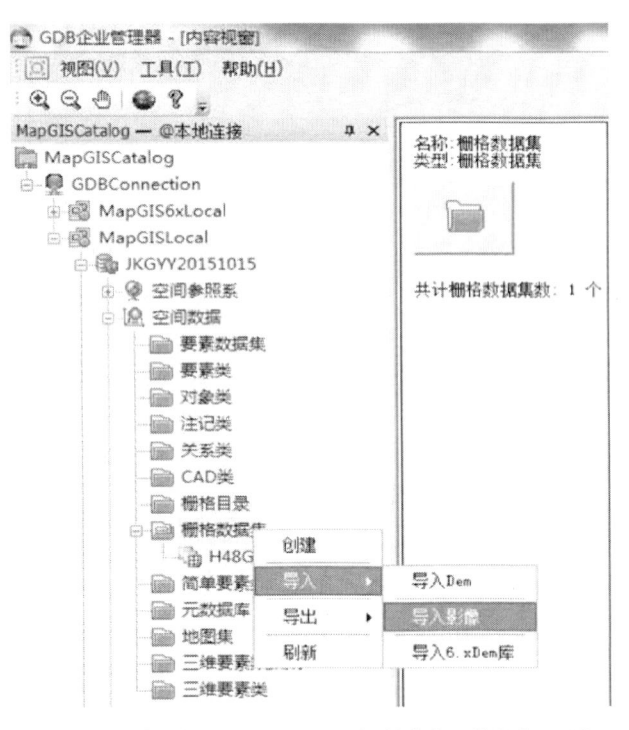

圖 2-24　選擇【JKGYY2015101501】數據庫，準備導入影像

圖 2-25　選擇【校正影像】，將其導入

實訓項目四　創建圖例

1. 添加影像

在【地圖編輯器】中添加【校正影像.msi】圖層，並使其處於當前編輯狀態。見圖 2-26。

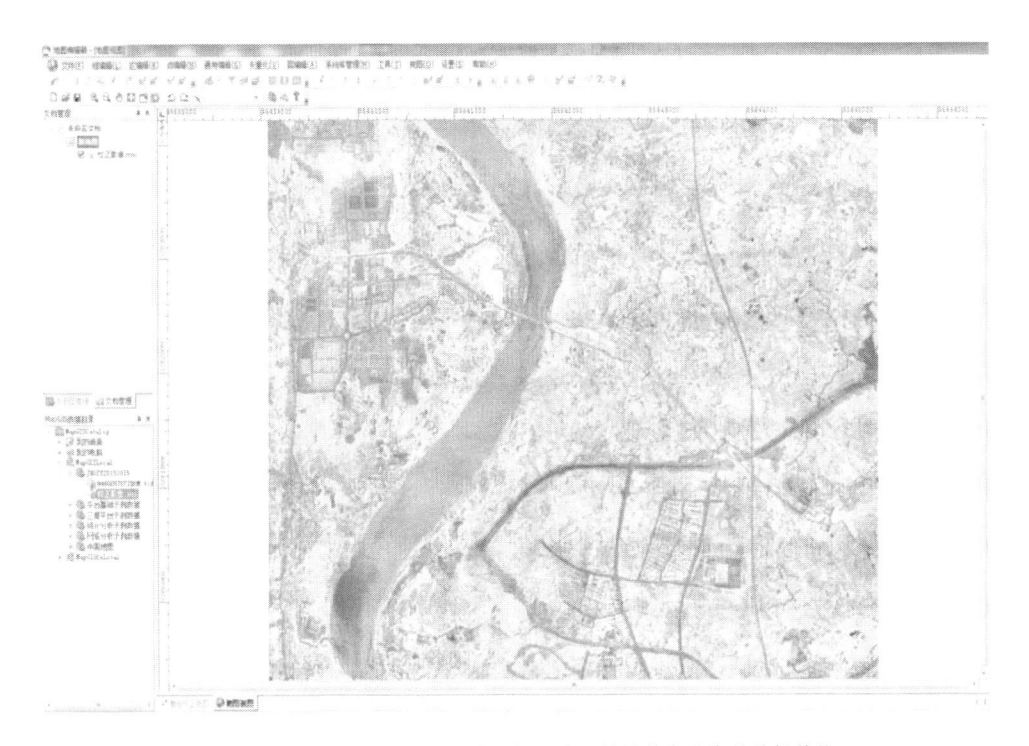

圖 2-26　在【地圖編輯器】中添加影像，並使其處於當前編輯狀態

2. 新建圖層

在【新地圖】上點擊鼠標右鍵→【新建圖層】→【簡單要素圖層】→輸入文件名為【圖斑界線】→【確定】→【線類型】，完成之后發現左邊的文件管理欄下出現【圖斑界線】圖層，使其處於編輯狀態。見圖 2-27、圖 2-28。

46　土地資源管理實訓教程

圖 2-27　選擇【新建圖層】

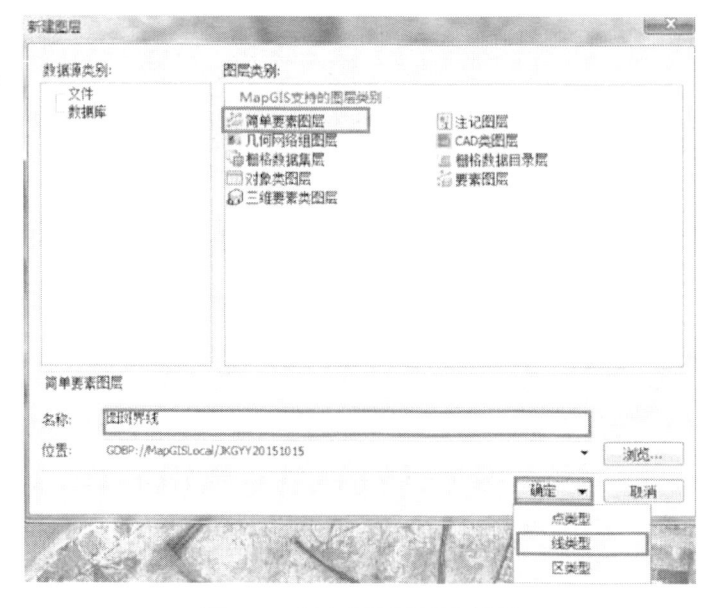

圖 2-28　創建【圖斑界線】圖層

3. 新建圖斑界線圖例

在標題欄中選擇【視圖】→【圖例板】，打開【圖例板】編輯面板。見圖 2-29。

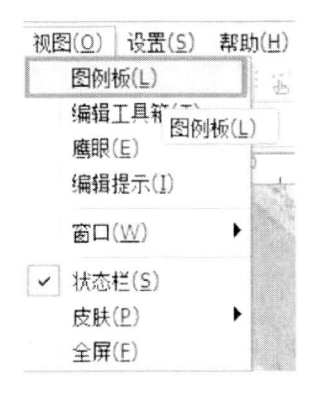

圖 2-29　打開【圖例板】編輯面板

在出現的【圖例板】面板的空白處點擊鼠標右鍵→【開始編輯】。選擇【線類型圖例】，單擊【分類ID】後面的【…】，打開【修改分類的類型】窗口，開始創建。以新建【工業用地】圖斑界線為例，【名稱】→【工業用地】，【層號】→【1】；【分類ID】，【分類碼】→【061】，【分類名稱】→【工業用地】→【確定】→【添加】→【確定】。見圖 2-30、圖 2-31、圖 2-32、圖 2-33。

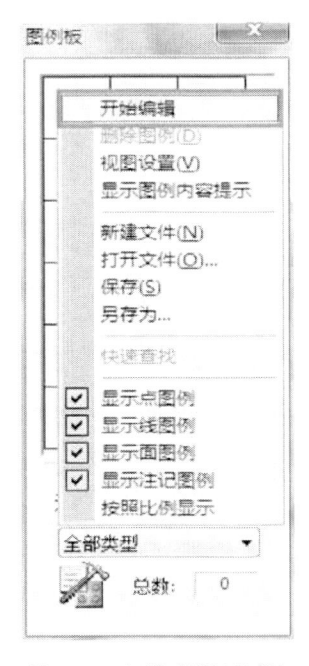

圖 2-30　打開【開始編輯】

圖 2-31　單擊【分類 ID】後面的【…】按鈕，打開【修改分類的類型】窗口

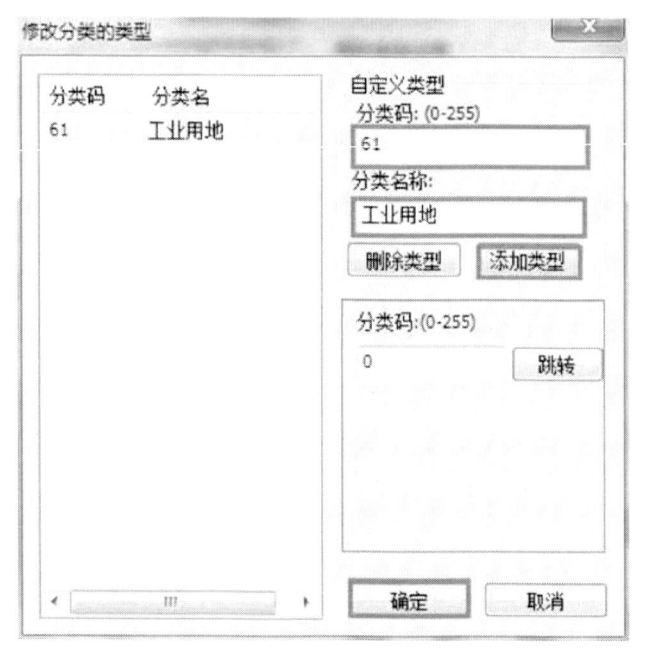

圖 2-32　輸入分類碼、分類名稱後選擇【添加類型】後【確定】

圖 2-33　選擇【添加】，可以看到【工業用地】的圖斑界線出現在【圖例板】中

重複上述的步驟 3，建立調查範圍所涉及其他土地利用類型圖例，直接修改【名稱】、【圖層】、【分類 ID】。為了區分土地類型，可對【線參數】進行設置。見圖 2-34。

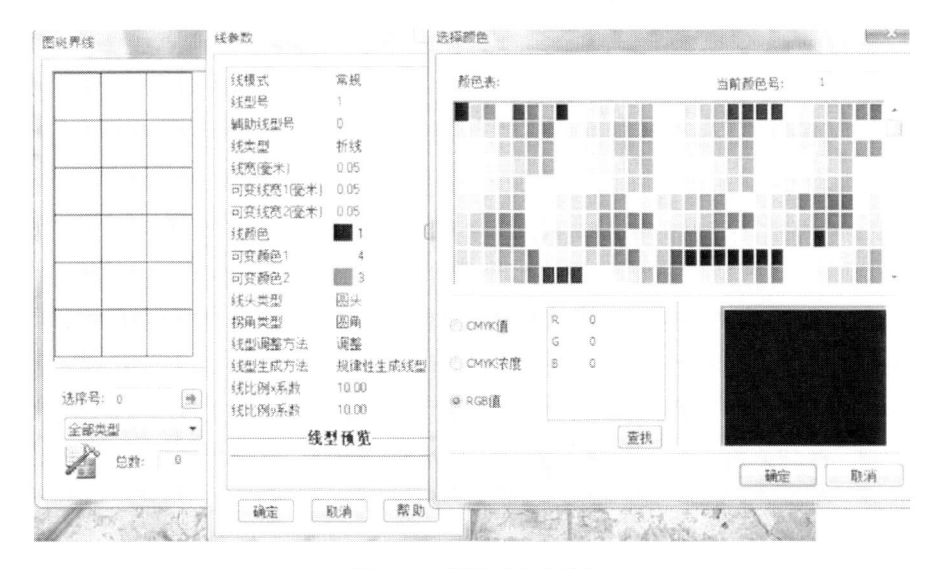

圖 2-34　設置【線參數】

把調查範圍所涉及的土地類型的圖例都建完之後，在圖例板對話框中點擊鼠標右鍵→【結束編輯】，然後關閉對話框，關閉時會彈出保存提示，然後將文件命名為【圖斑界線圖例板】保存到【農村土地調查】文件夾裡。見圖 2-35。

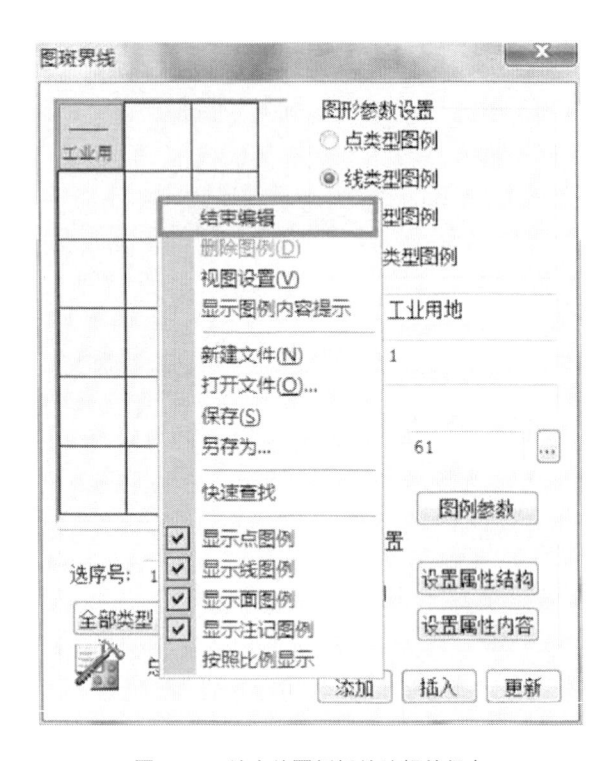

圖 2-35　結束線圖例板的編輯並保存

參照上述步驟完成公路用地、鐵路用地等線狀地物圖層以及線狀地物圖例的新建。

實訓項目五　矢量化影像

1. 關聯圖例板

將【圖斑界線】圖層處於編輯狀態，然后在空白處，點擊鼠標右鍵，選擇【關聯圖例板】，找到【農村土地調查】文件夾，打開【圖斑界線】圖例文件。見圖 2-36。

圖 2-36　關聯圖例文件

2. 繪製圖斑界線

繪製圖斑界線時，從選取圖例板上選取與利用類型對應的圖例。選中圖例后，在標題欄的【線編輯】→【輸入線】→【造折線】，開始進行繪製。見圖 2-37。

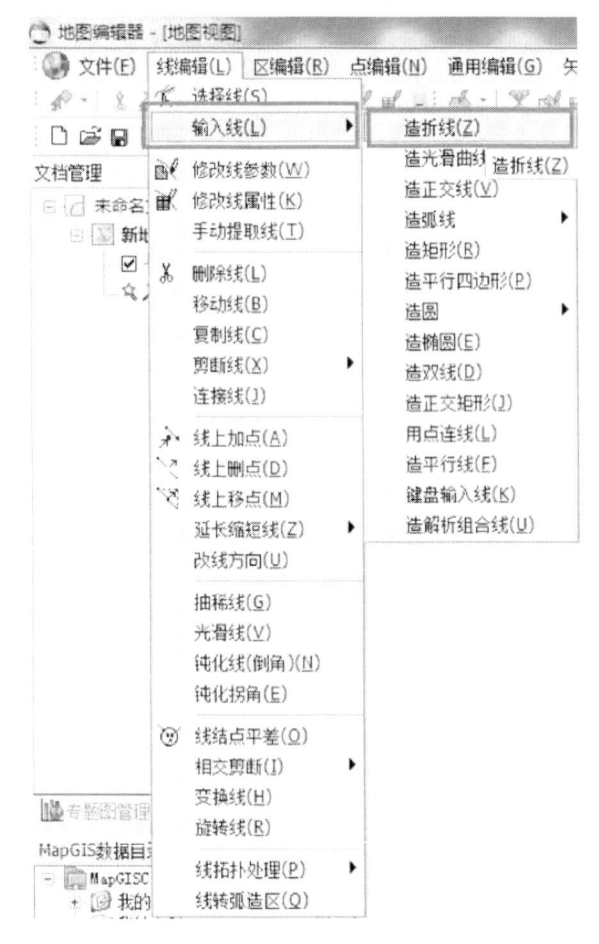

圖 2-37 造折線

注意：

①繪製時根據野外調查圖紙上的界線進行繪製。

②一條線繪製結束時需要在按住 Ctrl 鍵點擊鼠標右鍵，實現線段的閉合。

③繪製時，要注意過線要斷點，線與線不能重合、不能相交。

3. 繪製線狀地物

繪製線狀地物圖斑界線時，關閉【圖斑界線】圖層，使【線狀地物】圖層處於當前編輯狀態，然后關聯【線狀地物圖例】文件進行繪製。見圖 2-38。

圖 2-38　圖斑界線與線狀地物繪製完成效果圖

實訓項目六　線轉弧造區

1. 拓撲檢查

完成圖斑界線繪製之后，先進行【相交剪斷】，再進行【拓撲查錯】。

(1)【線編輯】→【相交剪斷】→【全圖自動剪斷】；

(2)【線編輯】→【線拓撲處理】→【線拓撲查錯】。

如果彈出【拓撲錯誤信息】提示窗口，則對查出的有誤之處進行修改。見圖 2-39、圖 2-40。

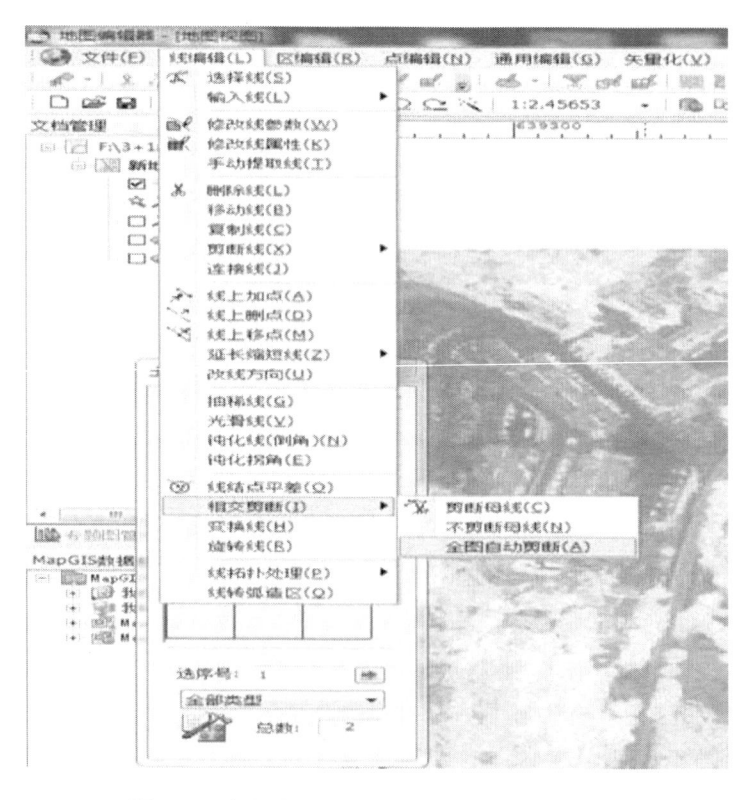

圖 2-39　全自動剪斷線，可以避免大量的拓撲錯誤。

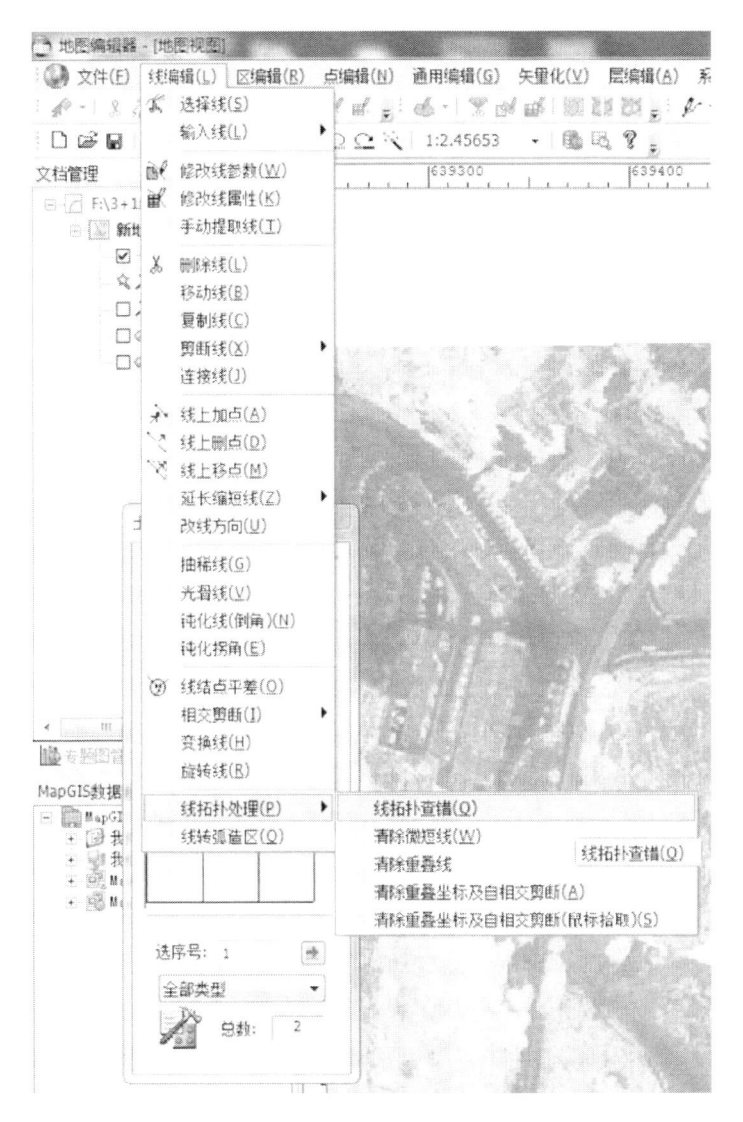

圖 2-40　線拓撲查錯（務必先完成【全圖自動剪斷】）

2. 線轉弧造區

在拓撲查錯沒有錯誤情況下進行拓撲造區，選擇【線編輯】→【線轉弧造區】（見圖 2-41），將轉換結果保存為【地類圖斑】圖層，保存在【JKGYY20151015】數據庫中。見圖 2-42。

圖 2-41　線轉弧造區

圖 2-42　保存新建的【地類圖斑】圖層

3. 替換字庫和系統庫

　　在【MapGIS 資源中心】選擇【環境配置工具】→【客戶端環境配置】，打開客戶端環境設置，進行【字庫配置目錄】和【系統庫目錄】的替換。將下發的 CLIB1 字庫、SLIB1 系統庫拷貝到 C:\\MapGIS K9 SP3 文件夾裡。見圖 2-43。

圖 2-43　修改字庫和系統庫

打開地圖編輯器，然后在標題欄中選擇【設置】→【目錄環境】→【環境重置】對話框，對【字庫配置目錄】和【系統庫目錄】進行替換，再點擊【6x 環境目錄】對裡面的【字庫目錄】與【系統目錄】也進行替換，點擊【確定】。見圖 2-44。

圖 2-44　修改地圖編輯器的目錄環境

實訓項目七　屬性輸入

1. 設置屬性結構

添加之前做的【地類圖斑】圖層以進行屬性結構的設置，使【地類圖斑】圖層處於當前編輯狀態，單擊鼠標右鍵【地類圖斑】→【屬性結構設置】，添加字段【圖斑編號】、【地類編碼】、【地類名稱】、【備註】，字段類型都是【字符串】。見圖 2-45、圖 2-46。

圖 2-45　打開【屬性結構設置】

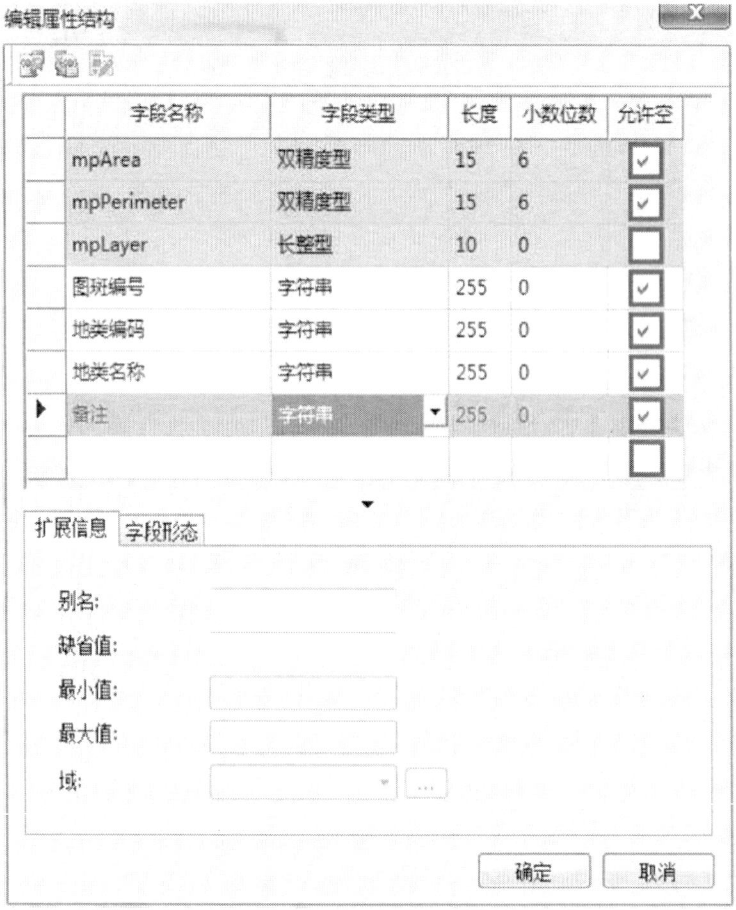

圖 2-46　設置屬性結構

2. 輸入屬性

在【地類圖斑】圖層單擊鼠標右鍵→【查看屬性結構表】，彈出【查看屬性表】的對話框，去掉左下角的【只讀】；然後根據圖紙的標註賦屬性，注意一定要勾選【圖形屬性聯動】。輸入完成后再勾選【只讀】就相當於保存了，關閉對話框。見圖 2-47、圖 2-48。

圖 2-47　打開屬性表

圖 2-48　屬性表打開效果圖

3. 修改圖斑參數

在標題欄中選擇【區編輯】→【修改區參數】，然後移動鼠標左鍵選取圖斑，結合外業調查工作底圖上的土地利用現狀，根據《二調地類圖式、圖例、色標》進行圖斑參數修改。見圖 2-49、圖 2-50。

圖 2-49 選擇【修改區參數】

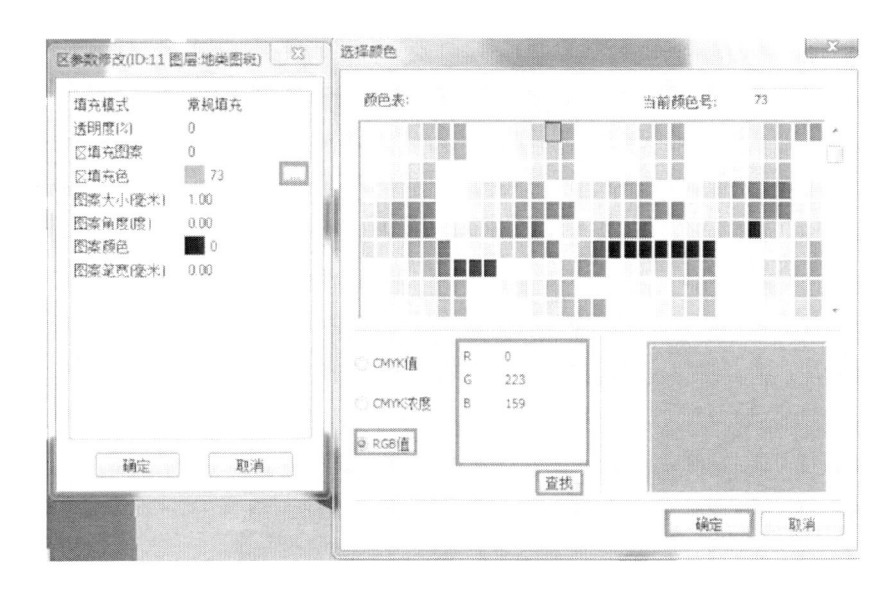

圖 2-50　修改區參數

實訓項目八　註記添加

1. 創建點註記

【新建圖層】→【簡單要素圖層】，名稱【點】，選擇【點類型】。見圖 2-51。

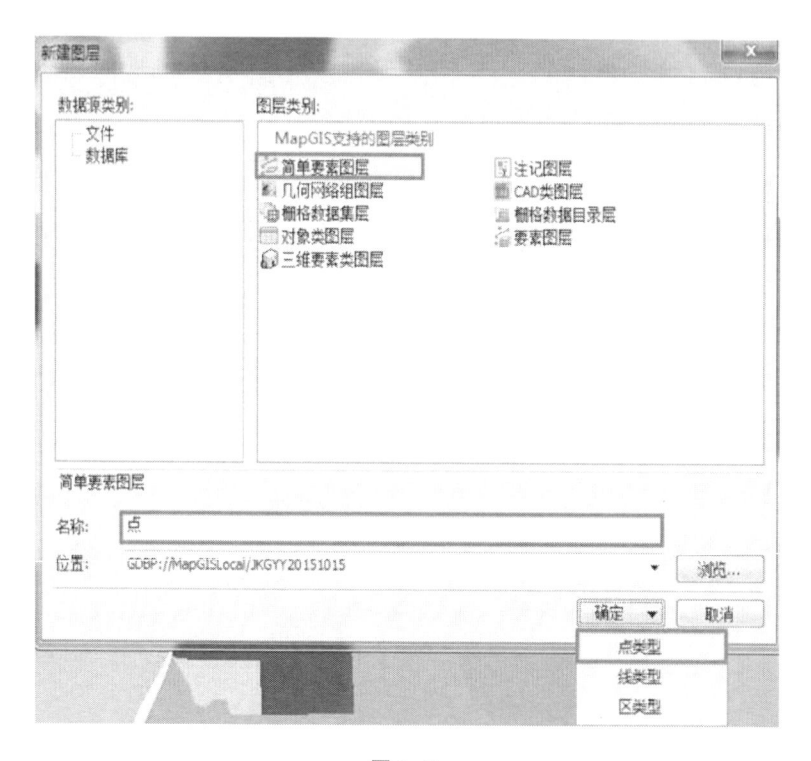

圖 2-51

使【點】圖層處於當前編輯狀態，選擇【視圖】→【圖例板】，在彈出的圖例板對話框中點擊鼠標右鍵【新建文件】，會出現一個空白的圖例板對話框；在圖例板空白處單擊鼠標右鍵，選取【開始編輯】，在右邊【圖形參數設置】選取【點類型】。每一種圖斑都要建立相應的點類型圖斑，並按照《二調地類圖式、圖例、色標》設置其參數並保存。見圖 2-52、圖 2-53。

圖 2-52　創建點圖例板

圖 2-53　設置點參數

創建好點圖例后即可對圖斑進行相應點圖例繪製，首先使【點】圖層處於編輯狀態，打開【點圖例】進行繪製。選取圖例板上的某一種點圖例，在標題欄中【點編輯】→【輸入子圖】→【造子圖（參數缺省）】，然后在相應的圖斑上單擊鼠標左鍵進行繪製。見圖 2-54。

圖 2-54　開始點註記繪製

2. 造版面註記

新建一個【註記】圖層。【新建圖層】→【註記圖層】，名稱為【註記】。見圖 2-55。

圖 2-55　創建【註記】圖層

實訓項目九 成果輸出

1. 面積輸出

使【地類圖斑】圖層處於當前編輯狀態，右鍵【地類圖斑】→【查看屬性表】。見圖 2-56。

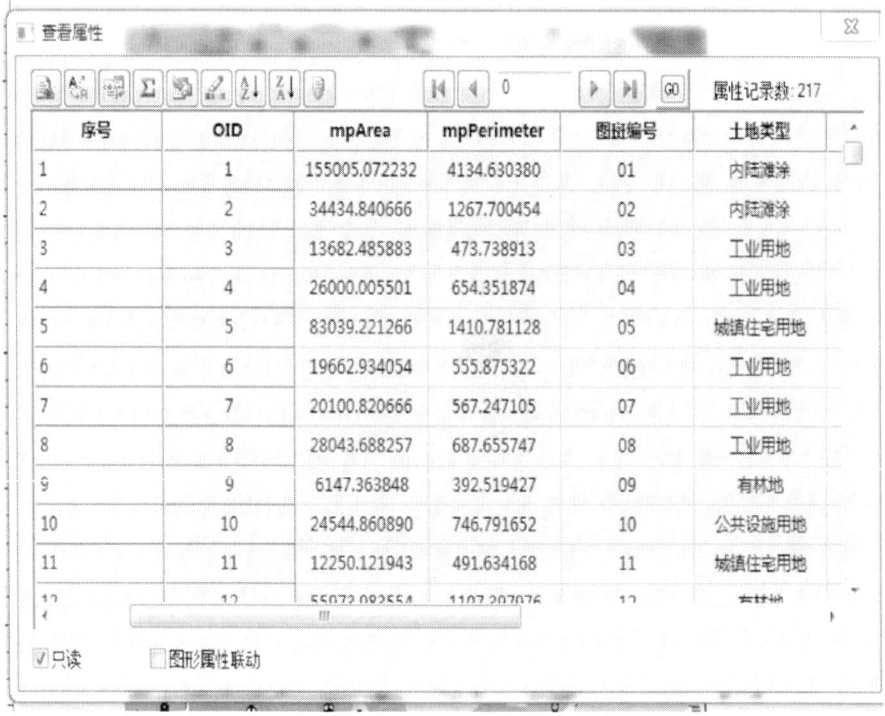

序号	OID	mpArea	mpPerimeter	图斑编号	土地类型
1	1	155005.072232	4134.630380	01	内陆滩涂
2	2	34434.840666	1267.700454	02	内陆滩涂
3	3	13682.485883	473.738913	03	工业用地
4	4	26000.005501	654.351874	04	工业用地
5	5	83039.221266	1410.781128	05	城镇住宅用地
6	6	19662.934054	555.875322	06	工业用地
7	7	20100.820666	567.247105	07	工业用地
8	8	28043.688257	687.655747	08	工业用地
9	9	6147.363848	392.519427	09	有林地
10	10	24544.860890	746.791652	10	公共设施用地
11	11	12250.121943	491.634168	11	城镇住宅用地

圖 2-56 打開屬性表

瀏覽【查看屬性】對話框，點擊【Σ】圖標，統計列表。然后彈出一個對話框，勾選【字段信息列表】中的【地類名稱】。見圖 2-57。

圖 2-57　勾選【地類名稱】

點擊【下一步】又出現一個對話框，點擊對話框右上方的【　】圖標。點擊【統計設置】下方的【　】按鈕。選擇【mpArea(面積)】字段,然後確定。見圖 2-58。

圖 2-58　勾選【mpArea(面積)】

點擊【統計模式】下【計數】出現下拉選單選擇【求和】，如圖 2-59 所示。然後點擊統計，見圖 2-60。

圖 2-59

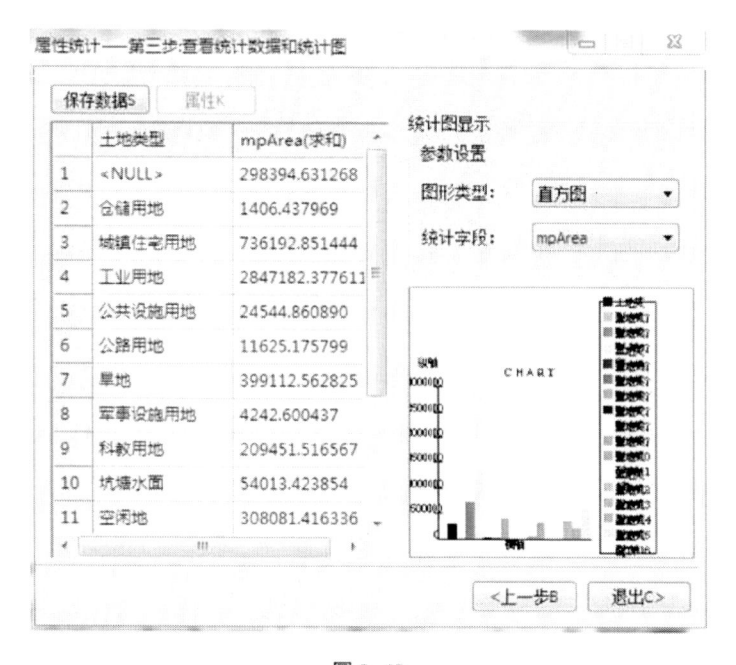

圖 2-60

點擊【保存數據 S】找到【農村土地調查】文件夾，以文件名【面積統計】進行保存，保存格式為【Microsoft Excel】。

2. 圖幅輸出打印

【文件】→【打印】，對圖幅進行整飾，設置圖幅比例、圖幅名稱、指南針、比例尺、小組成員，最后輸出為 jpg 格式。見圖 2-61、圖 2-62。

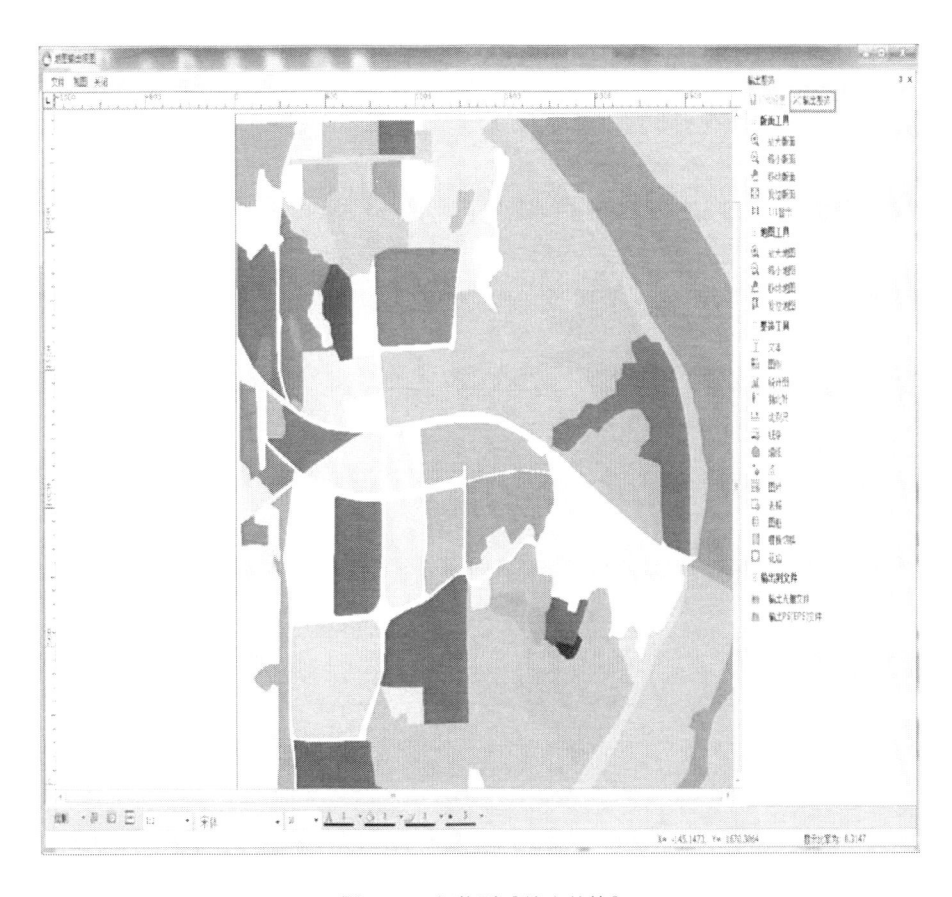

圖 2-61　切換到【輸出整飾】

72　土地資源管理實訓教程

圖 2-62　最終效果圖

第三章 土地利用規劃實訓

課程編號：Z22007

課程名稱：土地利用規劃實訓

實驗總學時數：42個

適用專業：土地資源管理專業

承擔實驗室：國土房產信息綜合實驗室

實訓教學的目的和要求

土地利用規劃實訓的目的在於瞭解土地利用規劃的基本理論與基本方法，利用土地利用規劃學的基礎知識，進行土地利用總體規劃設計，要求達到理論聯繫實際，並進一步深化土地利用規劃學的基本理論與內容的目的。掌握土地利用總體規劃的工作程序和工作方法，借助先進的計算機、地理信息系統等手段，進行土地利用規劃設計佈局的室內外工作。為今后在土地規劃、土地管理等崗位上從事土地利用規劃的編製和制圖工作打下基礎。

實驗項目一　規劃工程的建立

1. 進入【Mapgis 規劃輔助編製系統】。

2. 點擊【工程管理】→【新建數據字典】→【接收數據字典】→選擇【CODE. WB】打開。見圖 3-1、圖 3-2。

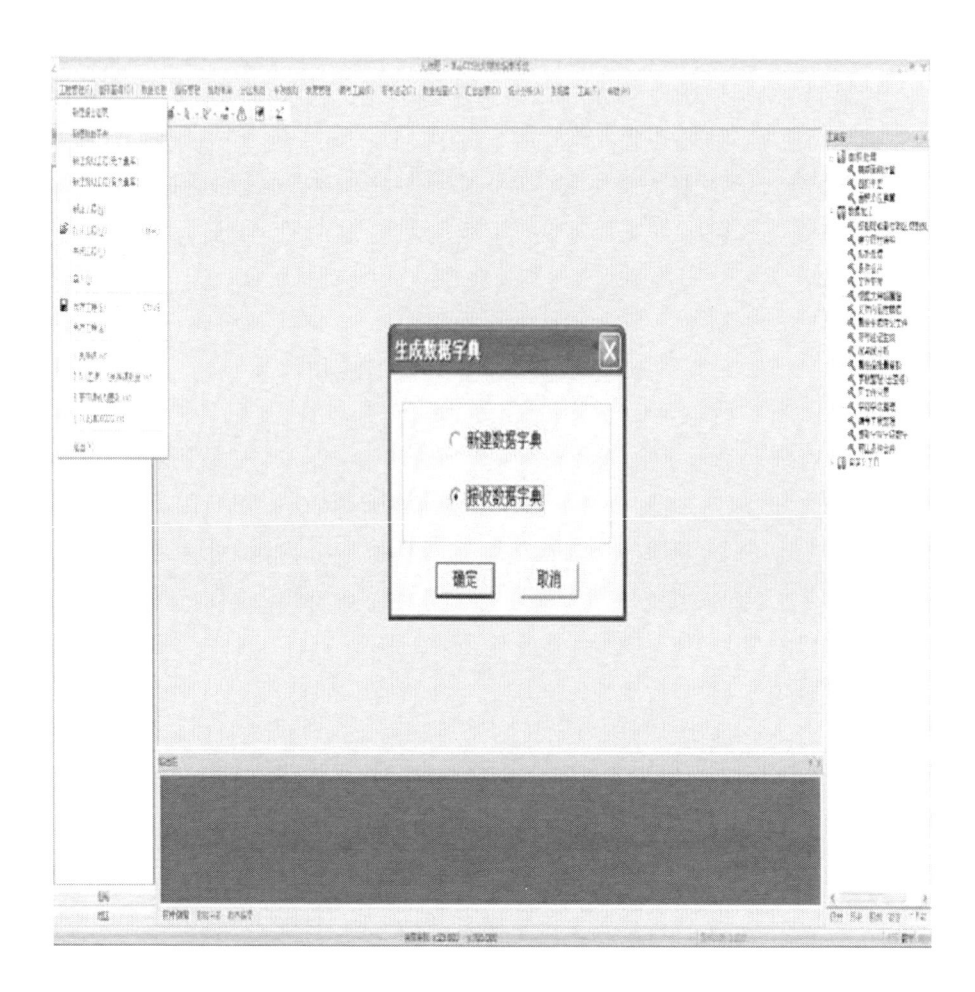

圖 3-1　數據字典的接收

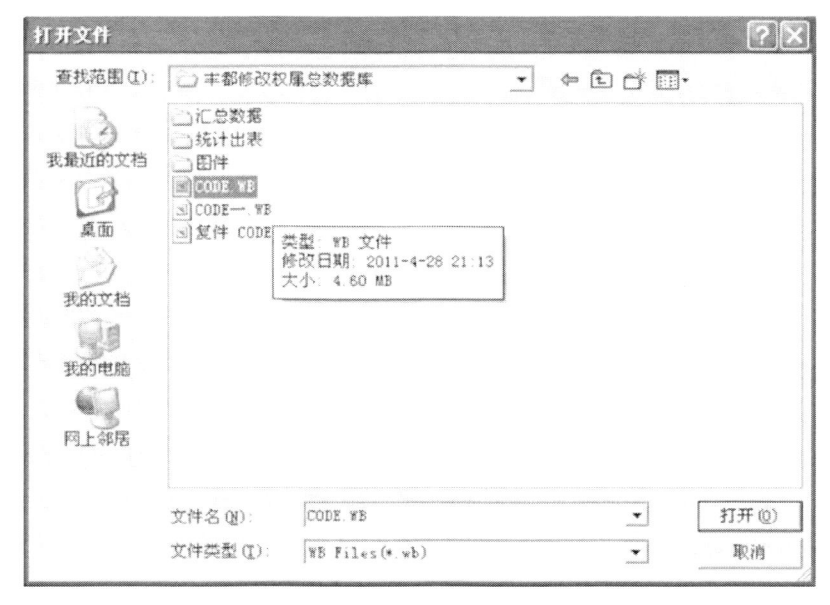

圖 3-2　打開 CODE.WB 文件

3. 在權屬代碼下選擇需要規劃的鄉鎮。以豐都縣三合鎮為例，點擊豐都縣子目錄下的三合鎮后，記錄下右邊欄的鄉鎮行政代碼。見圖 3-3。

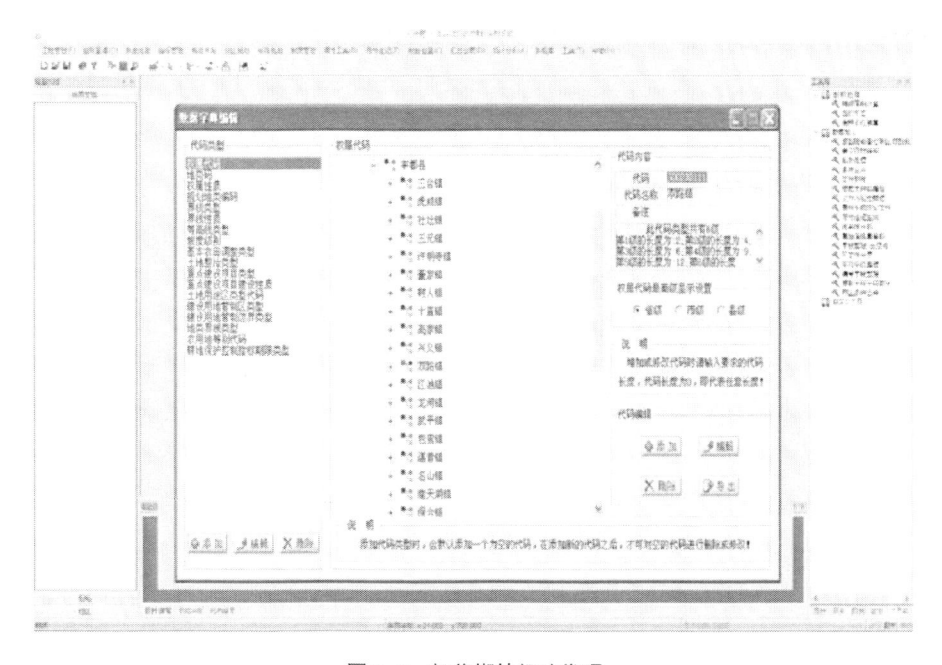

圖 3-3　記錄鄉鎮行政代碼

4. 點擊【工程管理】→【新建工程】→添加【接合圖表】和【數據字典】→確定【圖形帶號】、【中央經度】和【行政代碼】→確定。見圖3-4。

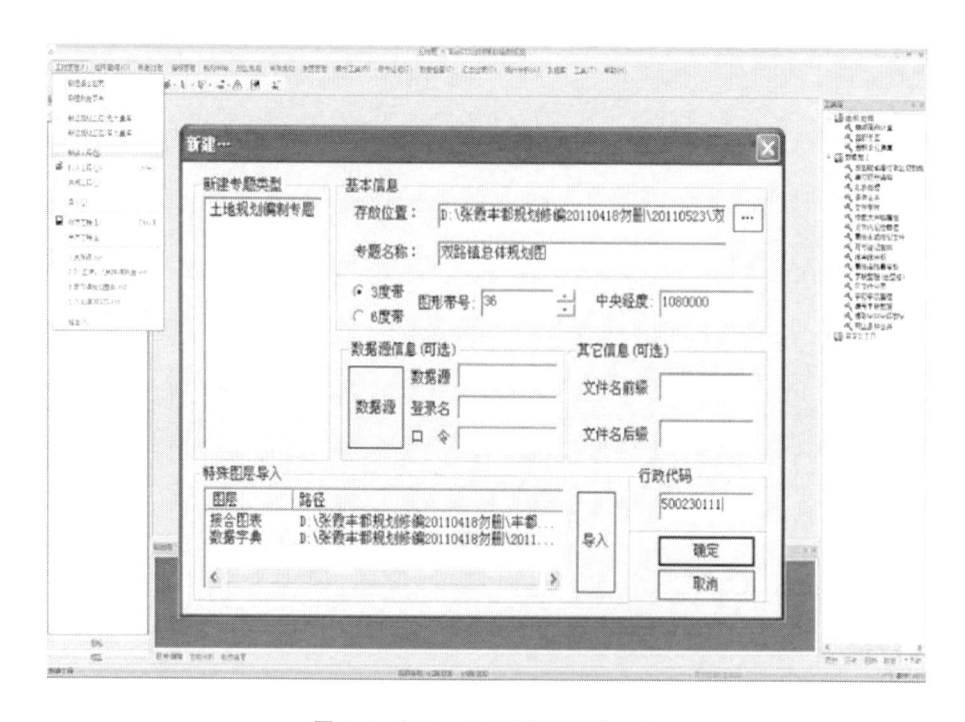

圖 3-4　新建土地利用總體規劃工程

A. 存放位置：點擊圖標 ⋯ 選擇規劃工程文件存放路徑。

B. 專題名稱：鄉鎮名+土地利用總體規劃。

C. 點選【3度帶】，圖形帶號中輸入【36】，中央經線輸入【1080000】。

D. 特殊圖層的導入：點擊【導入】圖標，選擇圖層【JHTB.WP】導入【接合圖表】層，選擇圖層【CODE.WB】導入【數據字典】層。

E. 在【行政代碼】中輸入該鄉鎮的行政區代碼。

F. 點擊【確認】，即可完成規劃工程的建立。

實驗項目二　基期數據的轉換

1. 基礎數據的導入。

在【基礎地理】圖層裡操作：【行政區】處於編輯狀態→右鍵【映射導入】在【豐都權屬總數據庫】中選擇【XZQ．WP】。見圖3-5。

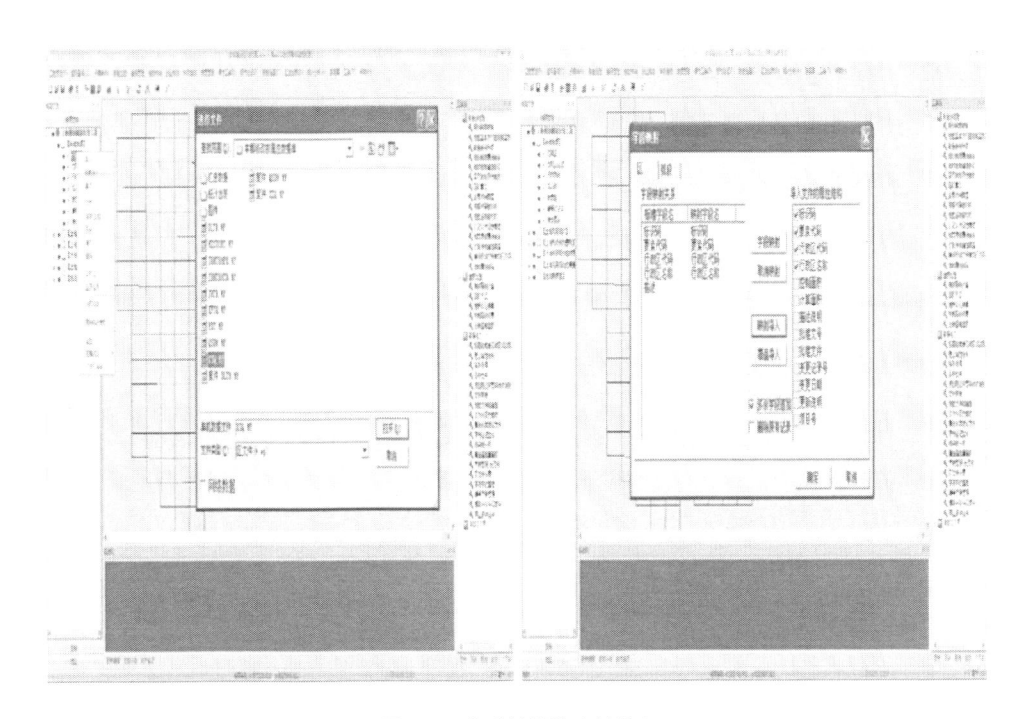

圖3-5　基礎數據的映射導入

註：映射導入時，若【標準字段名】和【映射字段名】一一對應，則直接點擊【映射導入】，再點確定即可；若【標準字段名】和【映射字段名】不對應時，則點擊【字段映射】；同理，導入【坡度圖】。

2. 土地利用現狀數據的導入。

在【土地利用現狀】圖層裡操作：【現狀地類圖斑】處於編輯狀態→右鍵【映射導入】，在【豐都權屬總數據庫→三合鎮】下選擇【XZDLTB．WP】；同理，導入【現狀線狀地物】（XZXZDW．WL）和【現狀零星地物】（XZLXDW．WT）。

3. 在各要素圖層下用鼠標右鍵點擊【圖例統改參數】。

4. 在各要素圖層下用鼠標右鍵點擊【屬性】→使【顯示填充色】為開啓狀態。見圖 3-6。

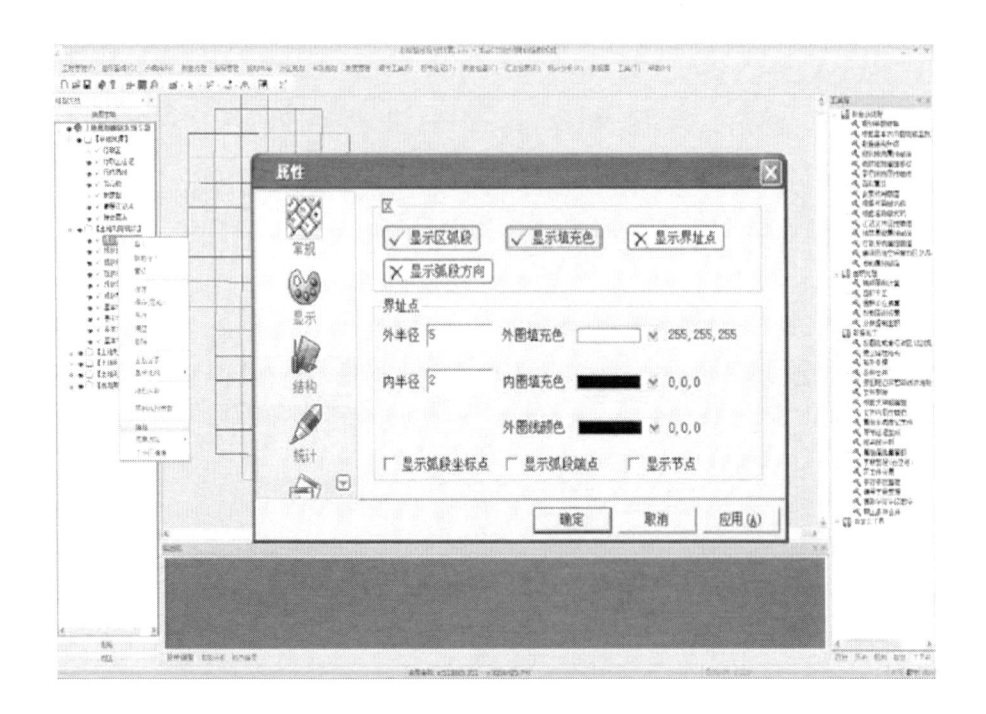

圖 3-6　圖層顏色的顯示

5. 基期數據的導入。

在【土地利用規劃基期】圖層裡操作:【基期地類圖斑】處於編輯狀態, 用鼠標右鍵單擊【映射導入】, 選擇【JQDLTB.WP】; 同理, 導入【基期線狀地物】(JQXZDW.WL) 和【基期零星地物】(JQLXDW.WT)。

6. 規劃基期數據的轉換:【土地利用規劃基期】處於編輯狀態, 通過右欄【工具箱】中的技術轉換工具——【規劃基期轉換】進行。

實驗項目三　規劃要素的生成

1. 在【土地利用規劃臨時層】圖層裡操作：【規劃用途圖斑】處於編輯狀態，用鼠標右鍵單擊【映射導入】，選擇【YTTB.WP】數據。

2. 同理，導入【規劃用途線物】和【規劃用途零物】。（註：本實驗是針對圖斑進行規劃，因此【規劃用途線物】和【規劃用途零物】分別使用【JQXZDW.WL】數據和【JQLXDW.WT】數據）

實驗項目四　總規圖斑的疊加生成

1. 點擊菜單欄【規劃佈局】→【疊加生成總規】→【規劃疊加基期】，即可在工程文件中生成總規圖斑（ZGTB.WP）。見圖 3-7。

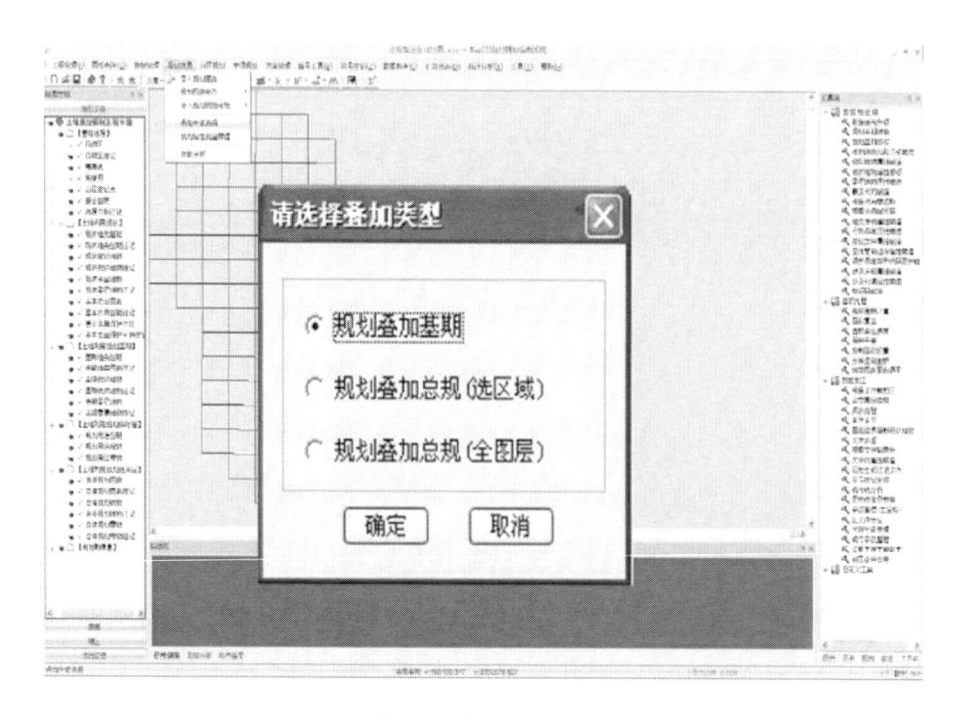

圖 3-7　疊加生成總規

2. 總規圖斑數據的裁剪：點擊右欄工具箱中【數據加工】目錄下的【根據文件裁剪區】，在出現的對話框中：源文件選擇【ZGTB.WP】，分割文件選擇【JQDLTB.WP】，單擊【確定】。此時將生成一個名為【ZGTB0.WP】的裁剪后的總規圖斑數據。見圖 3-8。

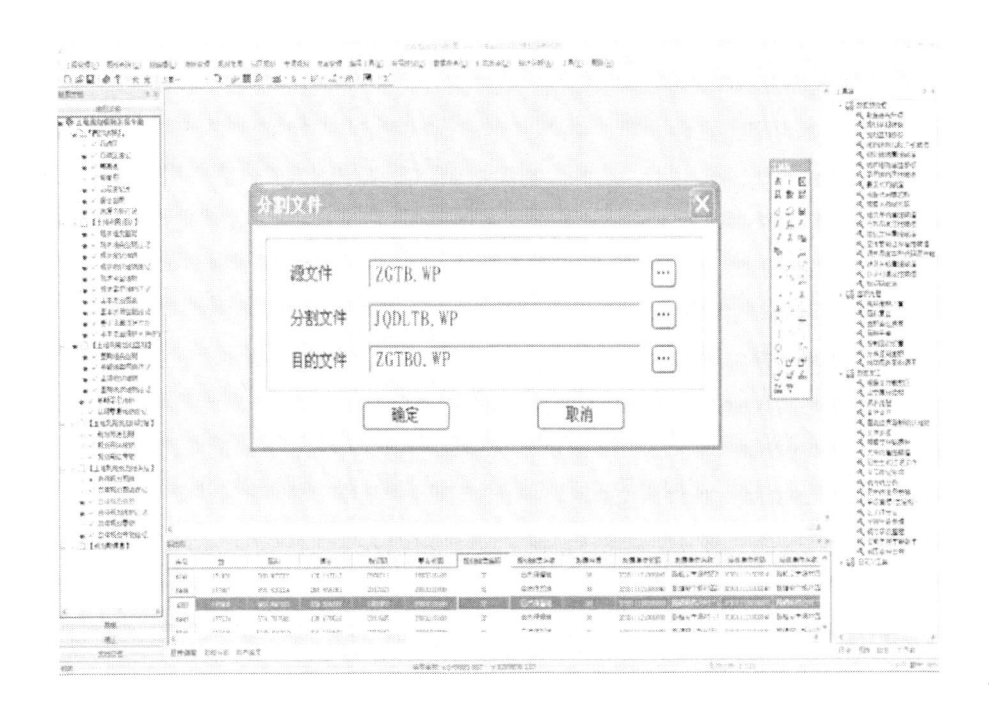

圖 3-8　總規圖斑的裁剪

3. 拓撲檢查：對裁剪后的【ZGTB0.WP】數據進行拓撲檢查，拓撲查錯無誤后生成新的總規圖斑，命名為【ZGTB 新.WP】。將【土地利用規劃結果層】中的【總體規劃圖斑】右鍵【清空】，映射導入【ZGTB 新.WP】。此時工程文件中的 ZGTB.WP 為重新導入后的文件。

4. 將【土地利用規劃結果層】中的【總體規劃圖斑】右鍵【清空】，將【ZGTB0.WP】數據映射導入工程文件中的【總體規劃圖斑】中。

5. 壓縮保存總規圖斑。

實驗項目五　總規圖斑的屬性一

1. 使【總體規劃線物】處於編輯狀態，用鼠標點擊右欄工具箱中【數據加工】下的【圖斑邊界剪斷線狀地物】，將規劃建制鎮、公路用地、採礦用地、居民點、旅遊用地、水庫水面、養殖水面等中的農村道路、農田水利用地線狀地物刪除（現狀中，如果以上線物已經存在，則保留其，不作刪除處理）。

2. 用鼠標點擊右欄工具箱中【面積處理】下的【橢球面積計算】，字段名稱選擇【圖斑面積】，參數設置中橢球類型選擇【西安80】，中央經線填：【1080000】，點擊【計算】；面積計算完成後，進行【面積平差】（檢查與基期地類圖斑的面積總量是否相同）。見圖3-9。

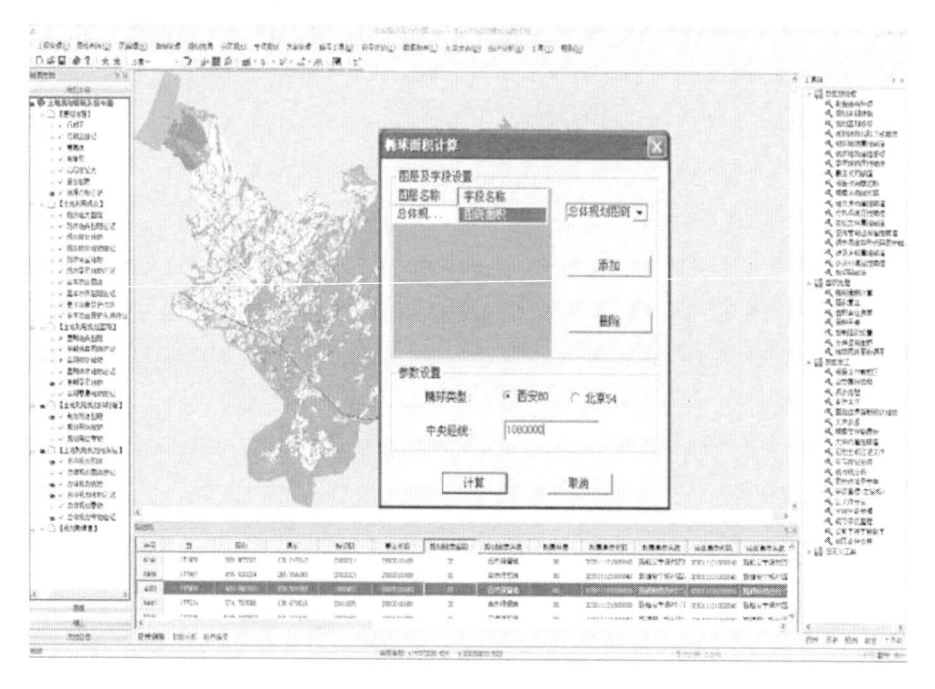

圖3-9　總體規劃圖斑橢球面積的計算

3. 點擊菜單欄中【區編輯】目錄下的【根據參數賦屬性】，除【ID】、【面積】、【周長】、【規劃地類編碼】這四項以外的其他所有字段打勾，並將所打勾的字段後面的內容全部清空。見圖3-10。

第三章　土地利用規劃實訓　83

ID	123828
面積	2881826.238310
周長	11863.235585
☑ 標識碼	0
☑ 要素代碼	
規劃地類編碼	311

圖 3-10　清空總規圖斑字段屬性

4. 將總規圖斑處於不可編輯狀態，用鼠標點擊【根據文件輸屬性】，【提取屬性文件】為基期地類圖斑【JQDLTB.WP】，【輸入屬性文件】為總規圖斑【ZGTB.WP】，在【根據空間位置】處打勾，依次錄入【權屬單位代碼】、【權屬單位名稱】、【坐落單位代碼】、【坐落單位名稱】字段的屬性。

5. 用鼠標點擊菜單欄中【編號工具】目錄下的【批量生成編號】，勾選【生成總規地類圖斑編號】，選擇【鄉級】為編號的行政級別，【縱向範圍】:【10】。見圖 3-11。

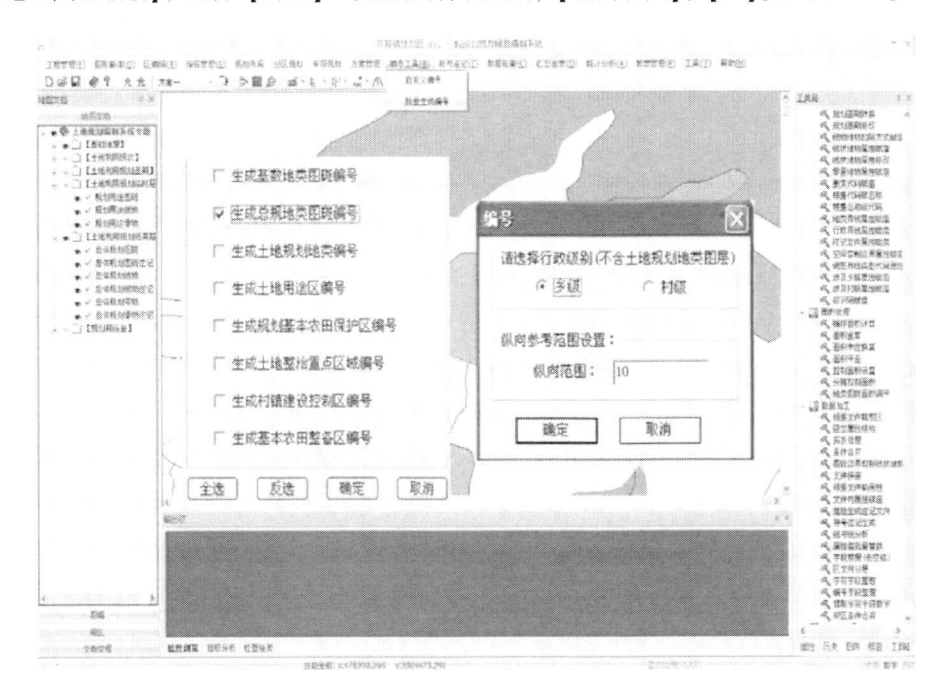

圖 3-11　圖斑編號的生成

6. 用鼠標點擊菜單欄中【坡度管理】目錄下的【耕地坡度屬性賦值〈坡度圖〉】→選擇【權重】賦值。

7. 將總規圖斑（ZGTB.WP）處於編輯狀態，用鼠標點擊菜單欄中【區編輯】下的【根據參數賦屬性】，將【規劃地類代碼 = 111 和規劃地類名稱 = 水田】的耕地類型賦值為【T】（大寫）。見圖 3-12。

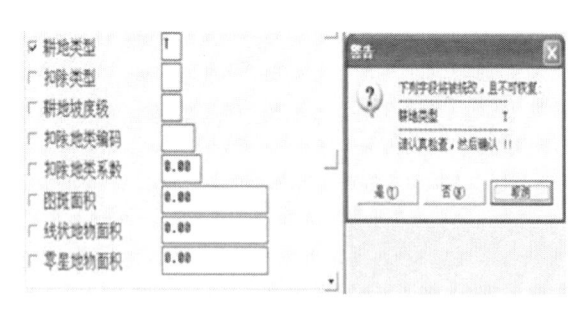

圖 3-12　耕地類型字段的屬性輸入

8. 扣除地類系數屬性賦值：用鼠標點擊菜單欄中【坡度管理】目錄下的【扣除地類系數屬性賦值】，選擇【總規規劃圖斑】作為要處理的圖層，單擊【確定】；將不同坡度級別的【梯田系數】和【坡度系數】賦值：【0-2 度】為【0】和【0】,【2-6 度】為【0.12】和【0.0885】,【6-15 度】為【0.1617】和【0.1336】,【15-25 度】為【0.2013】和【0.1662】,【25 度】以上為【0.1892】和【0.1937】；再用鼠標單擊【賦值】和【應用】即可。見圖 3-13。

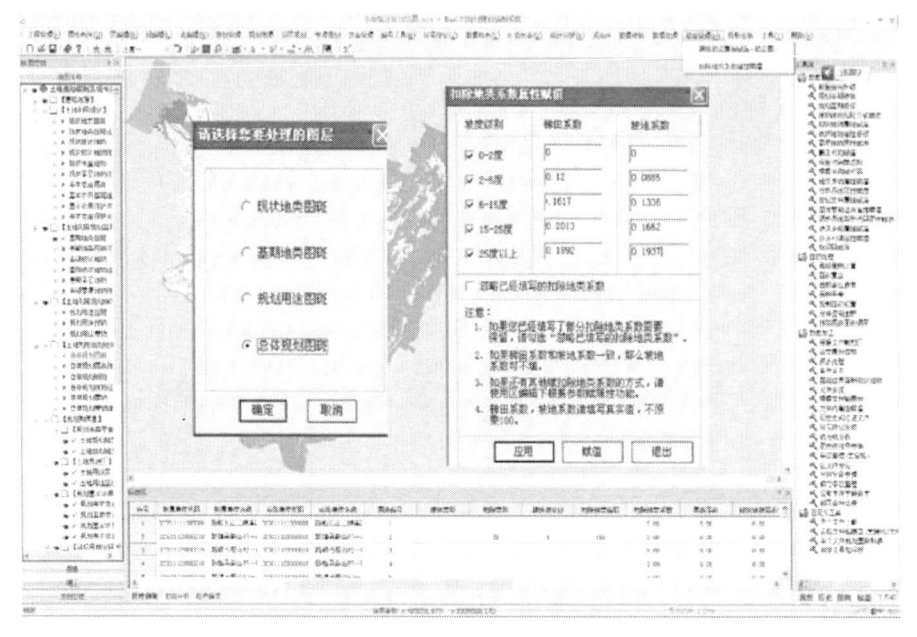

圖 3-13　扣除地類系數屬性賦值

實驗項目六　總規圖斑的屬性二

1.【總體規劃線物】處於編輯狀態，點擊菜單欄中【線編輯】下的【參數編輯】中的【編輯線屬性結構】，將【扣除方式】字段刪除，點擊【根據參數賦屬性】，勾選【扣除比例】，並賦值為【0.5】。見圖 3-14。

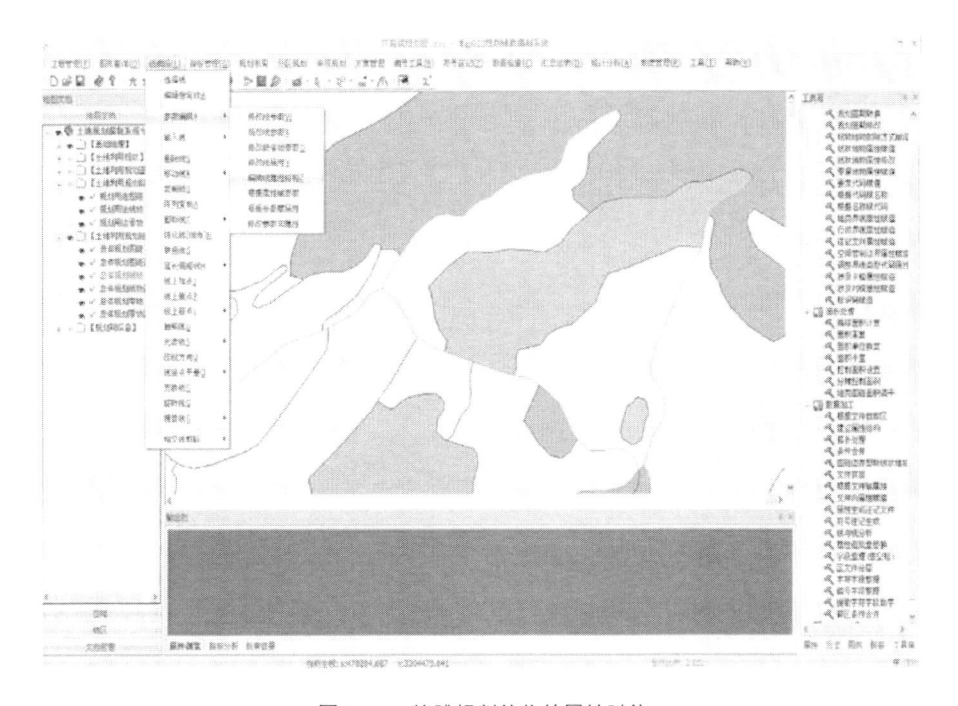

圖 3-14　總體規劃線物的屬性賦值

2. 用鼠標點擊右欄工具箱中【面積處理】下的【面積重算】，用鼠標點擊右欄工具箱中【數據加工】下的【條件合併】。

　　A. 合併條件：【圖斑面積<400】。

　　B. 合併方式：【在符合相等條件的實體之間合併】。

　　C. 相等條件：選擇【規劃地類編碼】、【權屬單位代碼】、【坐落單位代碼】。

　　D. 單擊【確定】。

　　E. 在彈出的對話框中【合併時是否考慮線狀地物】時，選擇【否】。見圖 3-15。

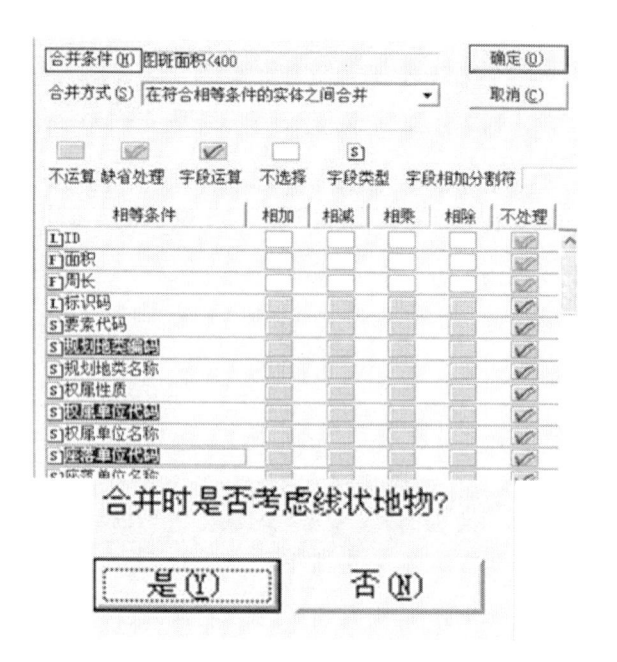

圖 3-15　合併小圖斑

3. 將處理完小圖斑的總規圖斑保存壓縮后瀏覽區屬性，如果圖斑面積仍很小，如為 0.002 或者小於 10 等。其原因有三種：一是【ZGTB.WP】的拓撲檢查沒做好，需要重做；二是規劃地類代碼不一致，選擇該圖斑就將規劃地類代碼修改為其相鄰的規劃地類代碼，同時注意其權屬或坐落單位是否一致；三是規劃地類代碼一致，但權屬或坐落單位代碼不一致。這種情況可將其規劃地類代碼修改為與之相鄰的另外地類，但前提是保證規劃的整體美觀不受影響，尺度自己掌握。檢查好后，重新進行小圖斑的合併，再進行壓縮保存。

實驗項目七　土地用途管制區

1. 建立一個面文件（管制區.WP），在屬性結構中添加字段【管制區類型代碼】，將【允許建設區】、【有條件建設區】、【禁止建設區】的區域都添加到【管制區.WP】文件中，必須保證在【管制區類型代碼】這個字段中，它們的屬性值分別為【010】、【020】、【040】。

2. 在【Mapgis6.7】平臺中進行操作，打開【空間分析】，將製作完成的【管制區.WP】和ZGTB.WP進行【相交分析】，相交后的新文件再和ZGTB.WP進行【相減分析】，輸入模糊半徑都為【0.01】。見圖3-16。

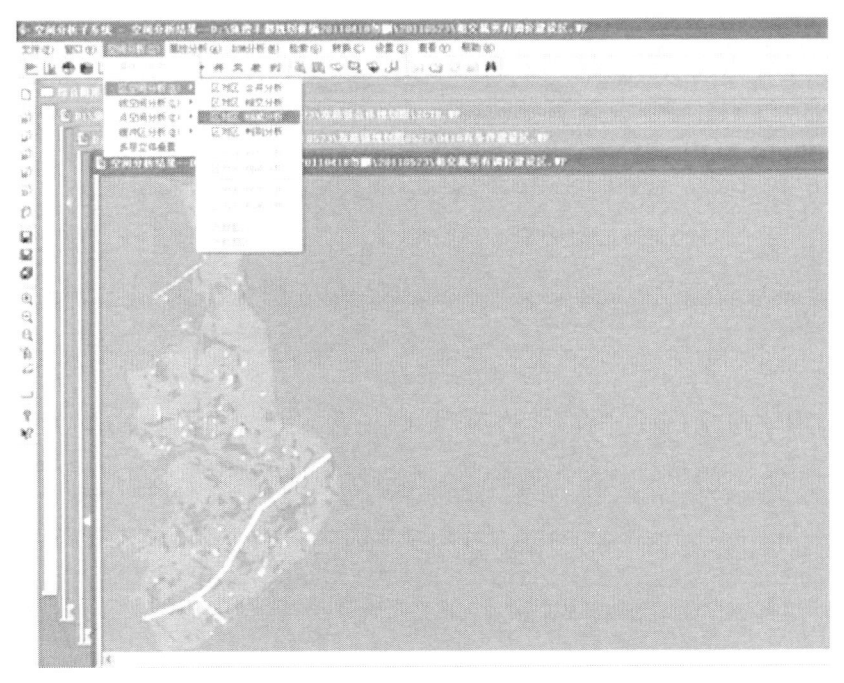

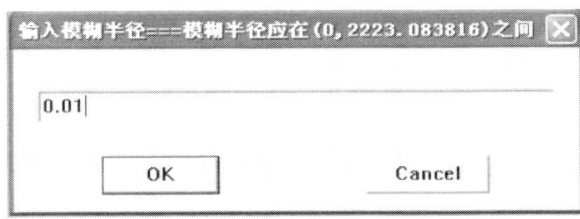

圖3-16　空間分析（相交、相減分析）

3. 打開修編系統軟件，將相交分析和相減分析得到的兩個結果文件進行拼接。打開軟件中右欄工具箱的【文件拼接】→點擊【添加文件】添加上述兩個文件並選中，可在【結果文件】處設定拼接後的文件名保存為【ZGTB 拼接.WP】，點擊【拼接】，然后對拼接后的文件進行拓撲檢查。

4. 給總規圖斑中的【管制區類型代碼】字段賦值。使用【根據文件輸屬性】命令，將步驟 1 中製作的管制區面文件作為提取屬性文件，總規圖斑作為輸入屬性文件，提取字段都是【管制區類型代碼】，【根據空間位置】前打勾。另外，此操作一般在關閉工程文件的情況下方可賦值成功。

5. 將其余圖斑的【管制區類型代碼】全部賦值為【030】。

6. 檢查。注意禁止建設區中不能有耕地、園地、居民點、建制鎮、坑塘水面等，如存在這種情況，需刪除後再與進行相交、相減分析，禁止建設區中一般包括林地、河流水面。有條件建設區內部也不應有基本農田存在。

6. 此時需要對此有關總規圖斑的文件進行屬性賦值，需進行實驗項目五和實驗項目六的內容。

實驗項目八　土地整治分區

1. 先統計【規劃地類編碼】為【213'的圖斑地類面積S_1】，然后結合指標表中規劃年居民點數量S_2，確定需要復墾規模$S_{fk}=S_1-S_2$，盡量保證復墾為耕地的數量占85%，其余復墾為園地、林地，復墾目標地類一般遵循就近原則（此時補充耕地數量為S_3）。結合指標表中本鄉鎮補充耕地總量S_4，可得出土地整理和開發補充的耕地為$S_5=S_4-S_3$。

確定【土地整治區域】，可以縣級規劃為準，沿該區域進行相應的調整，此時調整原則為耕地集中連片、自然保留地較多的村社為單位進行，一般整治區域為不同社拼接形成連片區域，如果其外圍有成片的林地，可將林地去除。

比如整治規劃區包括坐落單位名稱=【××村××社】，整治類型代碼=05（根據參數賦屬性）。該區域盡可能大，區域確定后參數賦屬性：土地整治類型代碼=="05"&&規劃地類編碼 in "11"&& 原地類代碼 in "11"將系數增減量設置為4，同時參數賦屬性將規劃地類編碼=="311"的圖斑系數增減量設置為0。

復墾時，注意將規劃地類代碼、復墾字段都要進行調整，如復墾為耕地，則規劃地類代碼==113，復墾==113，以便后面的操作。開發則是將整治區域內的面積較大的自然保留地開發為規劃地類代碼==113、開發=113。

以上操作進行完后，重新進行【坡度值賦值】、【扣除地類系數賦值】。

2. 賦值土地整治點擊右欄工具箱中的【屬性值批量替換】→選擇文件為【ZGTB.WP】→選擇【區】和【扣除地類系數】，處理方式為【屬性值計算方式統改】→表達式為【扣除地類系數-系數增減量】。見圖3-17。

圖3-17　屬性值批量替換

3. 計算新的耕地淨面積。用鼠標點擊【面積重算】，有必要時還要進行【橢球面積計算】。

4. 計算土地整治過程中補充耕地數量。點擊右欄工具箱中的【屬性值批量替換】→選擇文件為【ZGTB.WP】→選擇【區】和【耕地補充面積】→處理方式為【屬性值計算方式統改】→表達式為【耕地補充面積-基期系數淨面積】。

5. 檢查。在【屬性】中查看耕地補充量，結果應不小於 S_4。

6. 將涉及建設用地整理圖斑的【土地整治類型代碼】字段賦值為【01】。

7. 將涉及農用地整理圖斑的【土地整治類型代碼】字段賦值為【02】。

8. 將涉及土地復墾圖斑的【土地整治類型代碼】字段賦值為【03】。

9. 將涉及土地開發圖斑的【土地整治類型代碼】字段賦值為【04】。

實驗項目九　土地用途分區

採用【根據參數賦屬性】，在【土地用途區類型代碼】字段後賦值。賦值規則如下：

1. 基本農田保護區：【是否劃入基本農田】為【Y】的圖斑賦值為【010】。
2. 一般農地區：耕地扣除劃入基本農田、園地、其他農用地（如【坑塘水面、設施農用地等）相關的圖斑賦值為【020】。
3. 城鎮建設用地區：【現狀建制鎮】、【新增建制鎮】、【城鎮有條件建設區】相關的圖斑賦值為【030】。
4. 村鎮建設用地區：【現狀居民點】、【新增居民點】、【村鎮有條件建設區】相關的圖斑賦值為【040】（不包括復墾、建設占用區域）。
5. 獨立工礦區：規劃地類名稱為【採礦用地】、【其他獨立建設用地】的圖斑賦值為【050】。
6. 風景旅遊用地區：規劃地類名稱為【風景旅遊用地】賦值為【060】。
7. 生態環境安全控制區：可把河流水面、禁止建設區賦值為【070】。
8. 自然與文化遺產保護區：與其相關的圖斑區域賦值為【080】。
9. 林業用地區：【林地】賦值【090】。
10. 牧業用地區：主要將規劃地類名稱為【牧草地】的圖斑賦值為【100】。
11. 其他用地區：其余圖斑為其他用地區，賦值為【990】。

實驗項目十　提取專題圖

1. 打開修編軟件,【分區規劃】—【批量生成各分區】,選擇【土地用途區】、【建設用地管制區】、【基本農田保護區】等,如圖3-18所示。

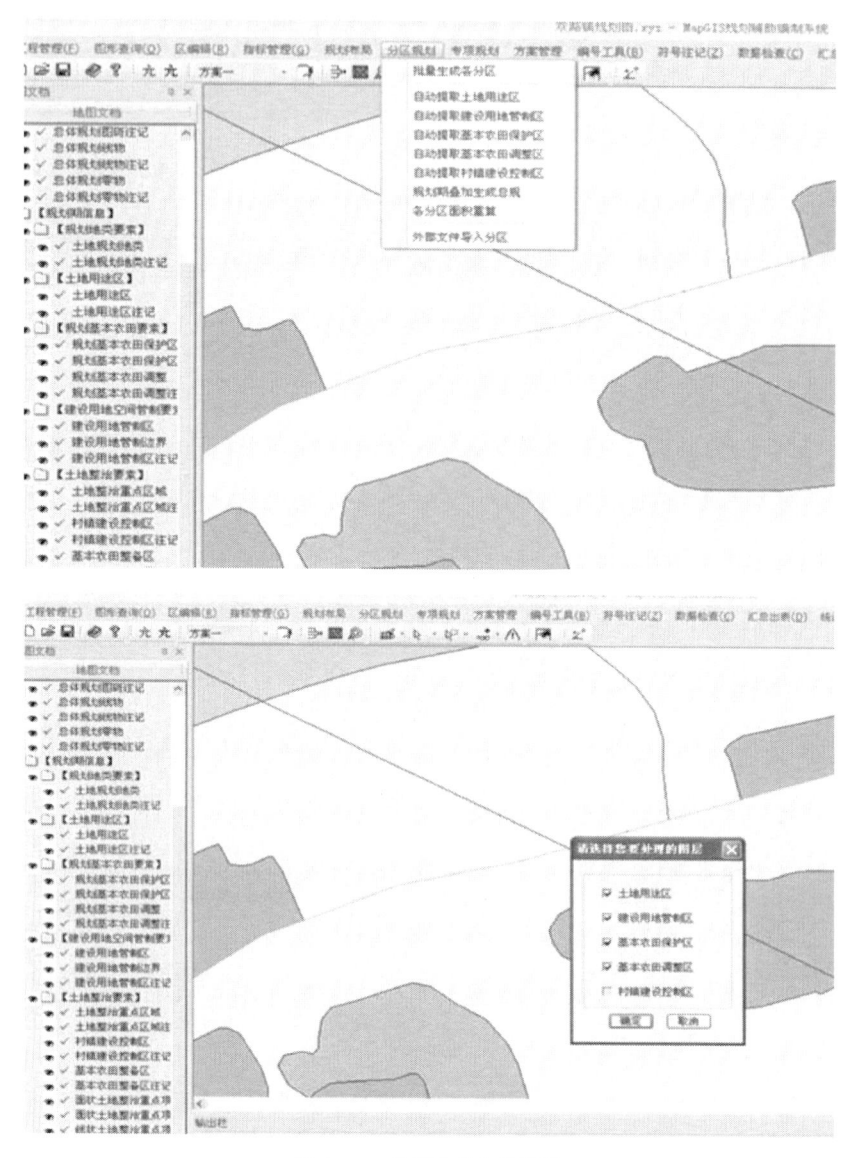

圖3-18　批量生成各分區圖

2.【專項規劃】—【批量生成專項規劃圖層】，選擇為【土地整治重點項目圖層】、【重點建設項目圖層】，如圖 3-19 所示。

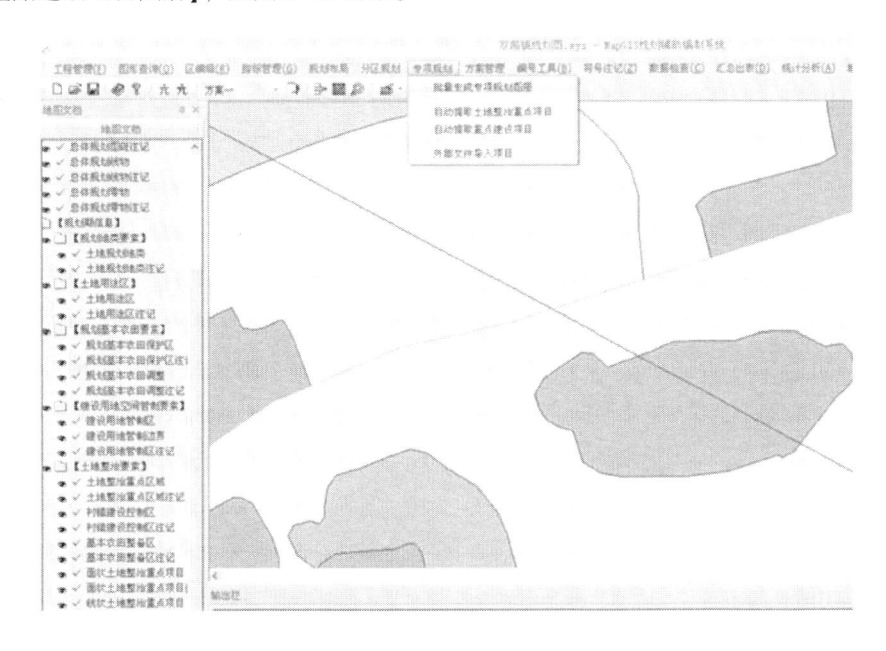

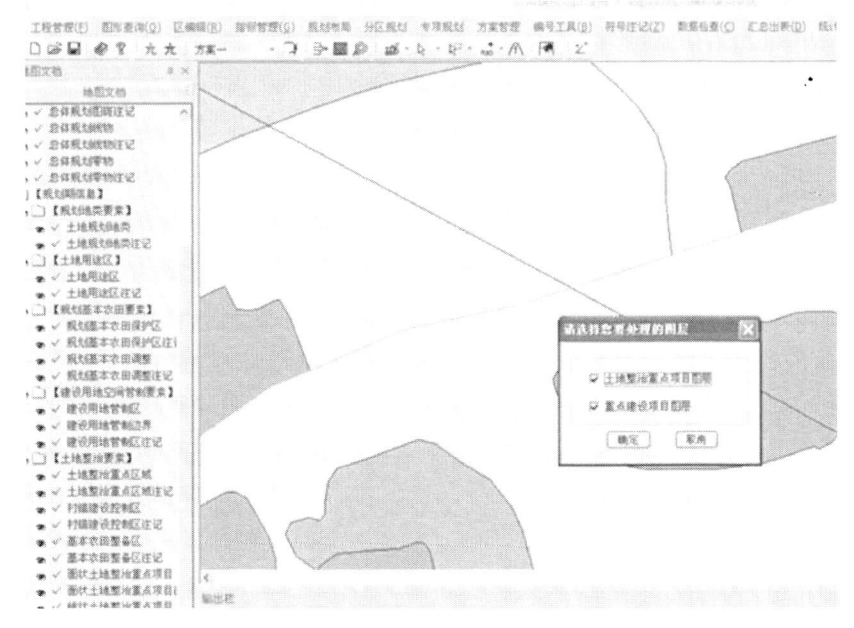

圖 3-19　批量生成專項規劃圖層

3.【專項規劃】—【自動提取土地整治重點項目】，如圖 3-20 所示。

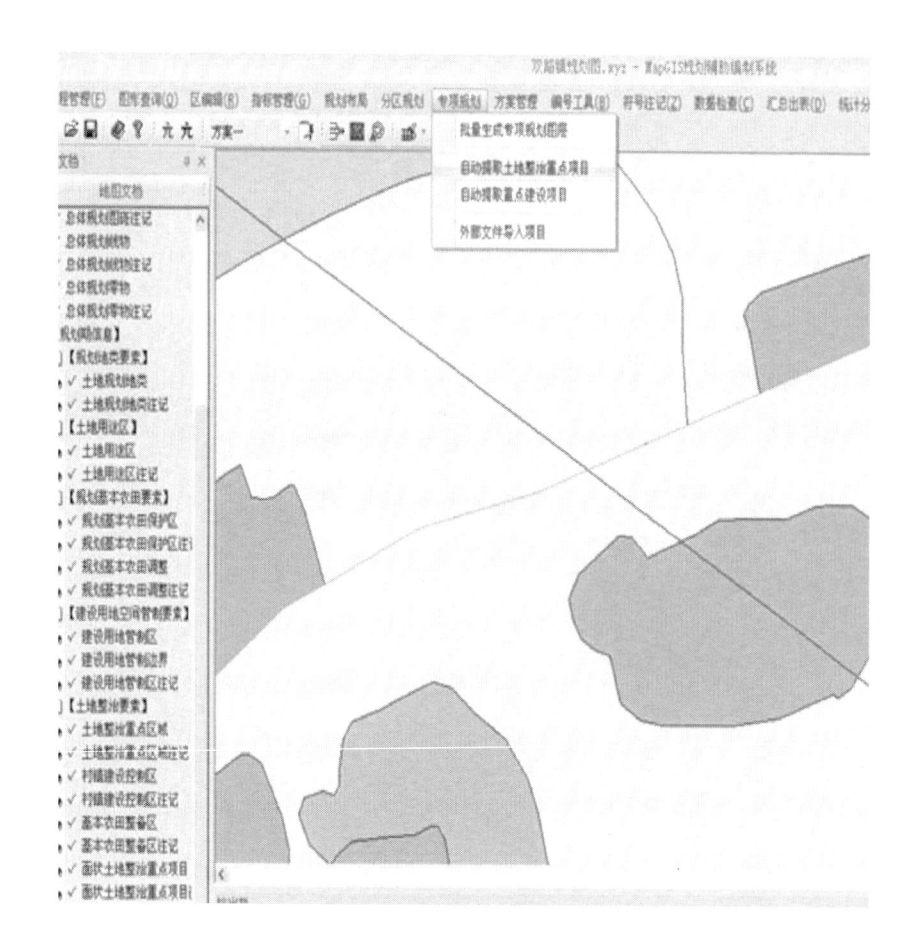

圖 3-20　提取土地整治重點項目

4.【編號工具】—【批量生成編號】，選擇為【生成土地規劃地類編號】、【生成土地用途區編號】、【生成規劃基本農田保護區編號】、【生成土地整治重點區域編號】等，如圖 3-21 所示。

圖 3-21　批量生成編號

6.【分區規劃】—【各分區面積量算】，設置如圖 3-22、圖 3-23 所示。

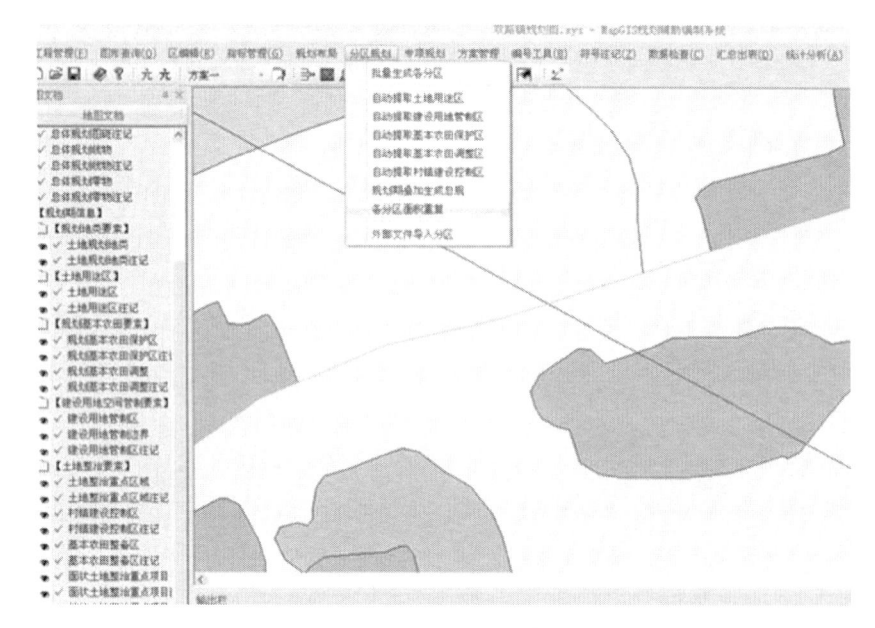

圖 3-22　各分區面積量算（a）

圖 3-23　各分區面積量算（b）

7. 在工具箱中，一次操作【空間管制邊界屬性賦值】、【調整界線類型代碼屬性】、【涉及鄉鎮屬性賦值】、【涉及村鎮屬性賦值】。見圖 3-24。

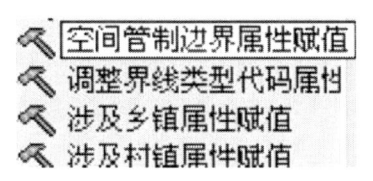

圖 3-24　相關屬性賦值

實驗項目十一　出圖與數據

1.【轄區】—【重慶市—豐都縣—××街道（鎮、鄉）】，右鍵，設置如圖 3-25 所示。依次選擇【輸出土地利用現狀圖】、【輸出土地利用總體規劃圖（用途）】、【輸出建設用地管制與基本農田保護圖】、【輸出土地整治圖】等。根據實際情況設置內容。

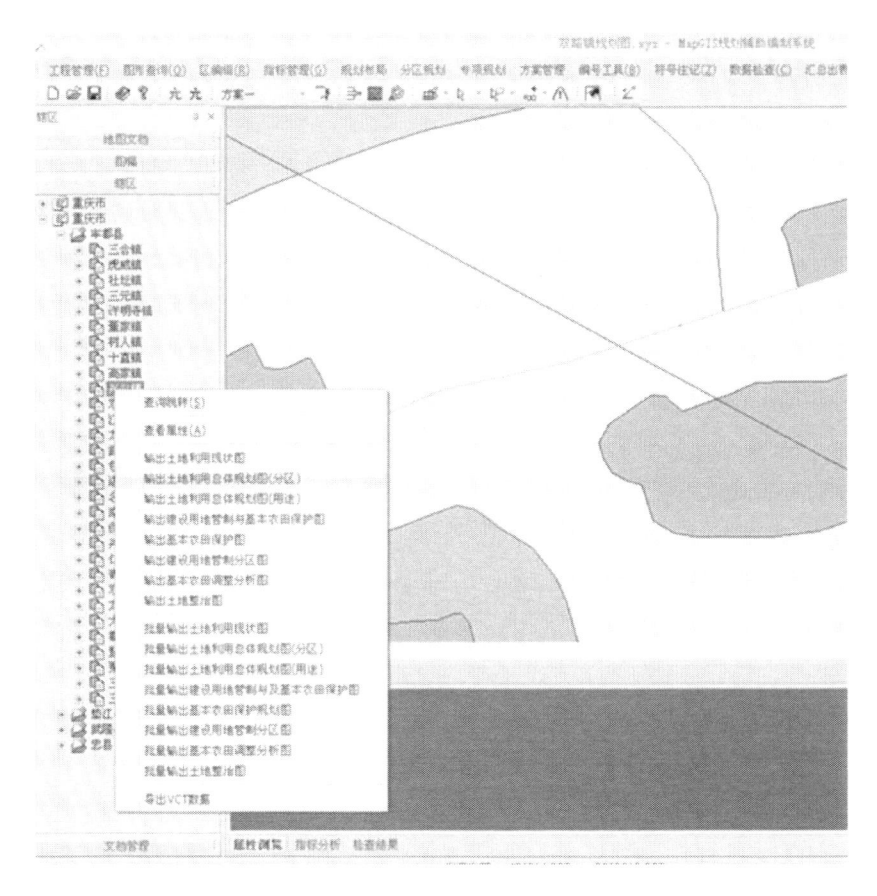

圖 3-25　圖件輸出

2. 圖件整飾。每一組圖都要整飾，內容包括加政府所在地的五角星、添加延伸境界線、添加延伸境界鄉鎮的名稱、字體大小修改、要素位置美化等。

3. 獲取數據。【匯總出表】—【數據匯總】，如圖 3-26 所示。

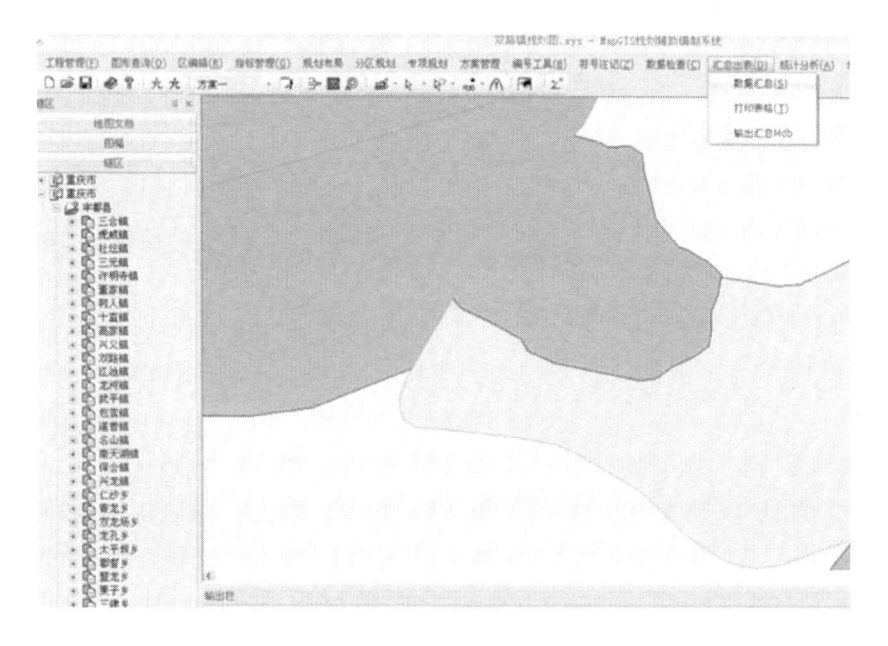

圖 3-26　數據匯總

3. 打印數據表格。【匯總出表】—【打印表格】，如圖 3-27 所示。

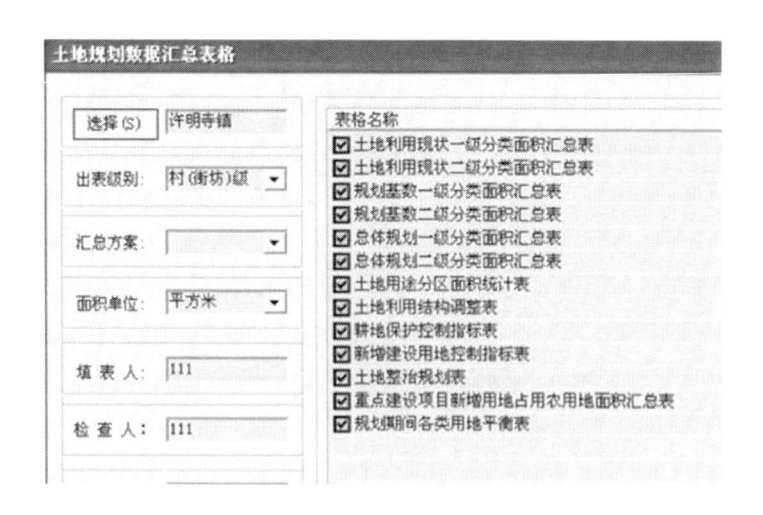

圖 3-27　打印數據表格

4. 撰寫規劃文本。

參考文獻

［1］中央政府門戶網站. 第二次全國土地調查總體方案［EB/OL］. http://www.gov.cn/jrzg/2007-06/26/content_662918.htm，2007-06-26.

［2］中國國家標準化管理委員會. TD/T 1014-2007：第二次全國土地調查技術規程［S］. 北京：中國標準出版社，2007.

［3］中國國家標準化管理委員會. GB/T21010-2007：土地利用現狀分類［S］. 北京：中國標準出版社，2007.

［4］中國國家標準化管理委員會. TD/T 1016-2007：土地利用數據庫標準［S］. 北京：中國標準出版社，2007.

［5］重慶市璧山區國土資源和房屋管理局. 重慶市第二次土地調查技術細則［EB/OL］. http://bsgtfw.cqgtfw.gov.cn/html/zxzt/zxgz/drctddc/09/09/3928.html，2009-09-11.

［6］方斌，喬偉峰，王亞華，等. 土地管理專業實習教程［M］. 北京：科學出版社，2012.

［7］中國國家標準化管理委員會. TD/T 1022-2009：鄉（鎮）土地利用總體規劃制圖規範［S］. 北京：中國標準出版社，2009.

［8］中國國家標準化管理委員會. TD/T 1024-2010：縣級土地利用總體規劃編製規程［S］. 北京：中國標準出版社，2010.

［9］中國國家標準化管理委員會. TD/T 1025-2010：鄉（鎮）土地利用總體規劃編製規程［S］. 北京：中國標準出版社，2010.

［10］中國國家標準化管理委員會. TD/T 1026-2010：鄉（鎮）土地利用總體規劃數據庫標準［S］. 北京：中國標準出版社，2010.

［11］中國國家標準化管理委員會. TD/T 1027-2010：縣級土地利用總體規劃數據庫標準［S］. 北京：中國標準出版社，2010.

［12］中國國家標準化管理委員會. TD/T 1028-2010：市（地）土地利用總體規劃數據庫標準［S］. 北京：中國標準出版社，2010.

附　錄

附錄一

重慶工商大學融智學院

城鎮地籍測量實訓記錄報告

系（部）：_____

專　業：_____

班　級：_____

組員姓名：_____

指導教師：_____

年　月　日（大寫）

地籍測量記錄表

一、測量步驟記錄

續表

二、測量草圖繪製

續表

三、測量數據記錄

<table>
<tr><td rowspan="5">測站 <u>1</u>
標示符 <u>cz</u>
測站坐標：

_____

_____</td><td colspan="5">碎步數據：測量者_____ 記錄_____ 扶尺_____</td></tr>
<tr><td colspan="2">點號</td><td>1</td><td>2</td><td>3</td></tr>
<tr><td rowspan="2">坐標</td><td>N</td><td></td><td></td><td></td></tr>
<tr><td>E</td><td></td><td></td><td></td></tr>
<tr><td colspan="5"></td></tr>
<tr><td rowspan="3">后視坐標：

_____</td><td colspan="2">點號</td><td>4</td><td>5</td><td>6</td></tr>
<tr><td rowspan="2">坐標</td><td>N</td><td></td><td></td><td></td></tr>
<tr><td>E</td><td></td><td></td><td></td></tr>
<tr><td rowspan="5">測站_____
標示符 <u>cz</u>
測站坐標：

_____</td><td colspan="5">碎步數據：_____ 記錄_____ 扶尺_____</td></tr>
<tr><td colspan="2">點號</td><td></td><td></td><td></td></tr>
<tr><td rowspan="2">坐標</td><td>N</td><td></td><td></td><td></td></tr>
<tr><td>E</td><td></td><td></td><td></td></tr>
<tr><td colspan="5"></td></tr>
<tr><td rowspan="3">后視坐標：

_____</td><td colspan="2">點號</td><td></td><td></td><td></td></tr>
<tr><td rowspan="2">坐標</td><td>N</td><td></td><td></td><td></td></tr>
<tr><td>E</td><td></td><td></td><td></td></tr>
</table>

附錄二　第二次全國土地調查土地分類系統

一級類 編碼	一級類 名稱	二級類 編碼	二級類 名稱	含義
01	耕地			指種植農作物的土地，包括熟地、新開發、復墾、整理地、休閒地（含輪歇地、輪作地）；以種植農作物（含蔬菜）為主，間有零星果樹、桑樹或其他樹木的土地；平均每年能保證收穫一季的已墾灘地和海涂。耕地中包括南方寬度<1米，北方寬度<2米固定的溝、渠、路和田坎（埂）；臨時種植藥材、草皮、花卉、苗木等的耕地，以及其他臨時改變用途的耕地。
		011	水田	指用於種植水稻、蓮藕等水生農作物的耕地，包括實行水生、旱生農作物輪種的耕地。
		012	水澆地	指有水源保證和灌溉設施，在一般年景能正常灌溉，種植旱生農作物的耕地，包括種植蔬菜的非工廠化的大棚用地。
		013	旱地	指無灌溉設施，主要靠天然降水種植旱生農作物的耕地，包括沒有灌溉設施，僅靠引洪淤灌的耕地。
02	園地			指種植以採集果、葉、根、莖、汁等為主的集約經營的多年生木本和草本作物，覆蓋度大於50%或每畝株數大於合理株數70%的土地，包括用於育苗的土地。
		021	果園	指種植果樹的園地。
		022	茶園	指種植茶樹的園地。
		023	其他園地	指種植桑樹、橡膠、可可、咖啡、油棕、胡椒、藥材等其他多年生作物的園地。
03	林地			指生長喬木、竹類、灌木的土地，以及沿海生長紅樹林的土地，包括跡地，不包括居民點內部的綠化林木用地、鐵路、公路徵地範圍內的林木，以及河流、溝渠的護堤林。
		031	有林地	指樹木鬱閉度≥0.2的喬木林地，包括紅樹林地和竹林地。
		032	灌木林地	指灌木覆蓋度≥30%的林地。
		033	其他林地	包括疏林地、未成林地、跡地、苗圃等林地。
04	草地			指以生長草本植物為主的土地。
		041	天然牧草地	指以天然草本植物為主，用於放牧或割草的草地。
		042	人工牧草地	指人工種植牧草的草地。
		043	其他草地	指樹木鬱閉度<0.1，表層為土質，以生長草本植物為主，不用於畜牧業的草地。

續表

| 一級類 || 二級類 || 含義 |
編碼	名稱	編碼	名稱	
05	商服用地			指主要用於商業、服務業的土地。
		051	批發零售用地	指主要用於商品批發、零售的用地，包括商場、商店、超市、各類批發（零售）市場、加油站等及其附屬的小型倉庫、車間、工場等的用地。
		052	住宿餐飲用地	指主要用於提供住宿、餐飲服務的用地，包括賓館、酒店、飯店、旅館、招待所、度假村、餐廳、酒吧等。
		053	商務金融用地	指企業、服務業等辦公用地，以及經營性的辦公場所用地，包括寫字樓、商業性辦公場所、金融活動場所和企業廠區外獨立的辦公場所等用地。
		054	其他商服用地	指上述用地以外的其他商業、服務業用地，包括洗車場、洗染店、廢舊物資回收站、維修網點、照相館、理髮美容店、洗浴場所等用地。
06	工礦倉儲用地			指主要用於工業生產、物資存放場所的土地。
		061	工業用地	指工業生產及直接為工業生產服務的附屬設施用地。
		062	採礦用地	指採礦、採石、採砂（沙）場、鹽田、磚瓦窯等地面生產用地及尾礦堆放地。
		063	倉儲用地	指用於物資儲備、中轉的場所用地。
07	住宅用地			指主要用於人們生活居住的房基地及其附屬設施的土地。
		071	城鎮住宅用地	指城鎮用於生活居住的各類房屋用地及其附屬設施用地，包括普通住宅、公寓、別墅等用地。
		072	農村宅基地	指農村用於生活居住的宅基地。
08	公共管理與公共服務用地			指用於機關團體、新聞出版、科教文衛、風景名勝、公共設施等的土地。
		081	機關團體用地	指用於黨政機關、社會團體、群眾自治組織等的用地。
		082	新聞出版用地	指用於廣播電臺、電視臺、電影廠、報社、雜誌社、通訊社、出版社等的用地。
		083	科教用地	指用於各類教育、獨立的科研、勘測、設計、技術推廣、科普等的用地。
		084	醫衛慈善用地	指用於醫療保健、衛生防疫、急救康復、醫檢藥檢、福利救助等的用地。
		085	文體娛樂用地	指用於各類文化、體育、娛樂及公共廣場等的用地。
		086	公共設施用地	指用於城鄉基礎設施的用地，包括給排水、供電、供熱、供氣、郵政、電信、消防、環衛、公用設施維修等用地。
		087	公園與綠地	指城鎮、村莊內部的公園、動物園、植物園、街心花園和用於休憩及美化環境的綠化用地。
		088	風景名勝設施用地	指風景名勝（包括名勝古跡、旅遊景點、革命遺址等）景點及管理機構的建築用地。景區內的其他用地按現狀歸入相應地類。

續表

一級類 編碼	一級類 名稱	二級類 編碼	二級類 名稱	含義
09	特殊用地			指用於軍事設施、涉外、宗教、監教、殯葬等的土地。
		091	軍事設施用地	指直接用於軍事目的的設施用地。
		092	使領館用地	指用於外國政府及國際組織駐華使領館、辦事處等的用地。
		093	監教場所用地	指用於監獄、看守所、勞改場、勞教所、戒毒所等的建築用地。
		094	宗教用地	指專門用於宗教活動的廟宇、寺院、道觀、教堂等宗教自用地。
		095	殯葬用地	指陵園、墓地、殯葬場所用地。
10	交通運輸用地			指用於運輸通行的地面線路、場站等的土地，包括民用機場、港口、碼頭、地面運輸管道和各種道路用地。
		101	鐵路用地	指用於鐵道線路、輕軌、場站的用地，包括設計內的路堤、路塹、道溝、橋樑、林木等用地。
		102	公路用地	指用於國道、省道、縣道和鄉道的用地，包括設計內的路堤、路塹、道溝、橋樑、汽車停靠站、林木及直接為其服務的附屬用地。
		103	街巷用地	指用於城鎮、村莊內部公用道路（含立交橋）及行道樹的用地，包括公共停車場、汽車客貨運輸站點及停車場等用地。
		104	農村道路	指公路用地以外的南方寬度≥1米、北方寬度≥2米的村間、田間道路（含機耕道）。
		105	機場用地	指用於民用機場的用地。
		106	港口碼頭用地	指用於人工修建的客運、貨運、捕撈及工作船舶停靠的場所及其附屬建築物的用地，不包括常水位以下部分。
		107	管道運輸用地	指用於運輸煤炭、石油、天然氣等管道及其相應附屬設施的地上部分用地。
11	水域及水利設施用地			指陸地水域、海涂、溝渠、水工建築物等用地，不包括滯洪區和已墾灘塗中的耕地、園地、林地、居民點、道路等用地。
		111	河流水面	指天然形成或人工開挖河流常水位岸線之間的水面，不包括被堤壩攔截後形成的水庫水面。
		112	湖泊水面	指天然形成的積水區常水位岸線所圍成的水面。
		113	水庫水面	指人工攔截匯集而成的總庫容≥10萬立方米的水庫正常蓄水位岸線所圍成的水面。
		114	坑塘水面	指人工開挖或天然形成的蓄水量<10萬立方米的坑塘常水位岸線所圍成的水面。
		115	沿海灘塗	指沿海大潮高潮位與低潮位之間的潮浸地帶，包括海島的沿海灘塗，不包括已利用的灘塗。

續表

一級類 編碼	一級類 名稱	二級類 編碼	二級類 名稱	含義
11	水域及水利設施用地	116	內陸灘塗	指河流、湖泊常水位至洪水位間的灘地；時令湖、河洪水位以下的灘地；水庫、坑塘的正常蓄水位與洪水位間的灘地。內陸灘塗包括海島的內陸灘地，不包括已利用的灘地。
		117	溝渠	指人工修建，南方寬度≥1米、北方寬度≥2米用於引、排、灌的通道，包括渠槽、渠堤、取土坑、護堤林。
		118	水工建築用地	指人工修建的閘、壩、堤路林、水電廠房、揚水站等常水位岸線以上的建築物用地。
		119	冰川及永久積雪	指表層被冰雪常年覆蓋的土地。
12	其他土地			指上述地類以外的其他類型的土地。
		121	空閒地	指城鎮、村莊、工礦內部尚未利用的土地。
		122	設施農用地	指直接用於經營性養殖的畜禽舍、工廠化作物栽培或水產養殖的生產設施用地及其相應附屬用地，農村宅基地以外的晾曬場等農業設施用地。
		123	田坎	主要指耕地中南方寬度≥1米、北方寬度≥2米的地坎。
		124	鹽鹼地	指表層鹽鹼聚集，生長天然耐鹽植物的土地。
		125	沼澤地	指經常積水或漬水，一般生長沼生、濕生植物的土地。
		126	沙地	指表層為沙覆蓋、基本無植被的土地，不包括灘塗中的沙地。
		127	裸地	指表層為土質，基本無植被覆蓋的土地，或表層為岩石、石礫，其覆蓋面積≥70%的土地。

附錄三　農村土地調查記錄表（圖斑）

行政村名稱：　　　　　　　　　　　　　　　　　　　　　第　頁，共　頁

序號	圖幅號	圖斑預編號	圖斑編號	地類編碼	權屬單位	權屬性質	耕地類型	備註
1	2	3	4	5	6	7	8	9
草圖								

調查人：　　　　　調查日期：　　　　　檢查人：　　　　　調查日期：

填表說明：

1. 調查底圖上無法完整表示內容的圖斑以及補測地物應填寫本表，其他圖斑視情況填寫；
2. 1 欄填寫順序號；
3. 2 欄填寫圖斑所在圖幅編號；
4. 3 欄填寫外業調查時圖斑的臨時編號；
5. 4 欄填寫數據庫建成後圖斑編號；
6. 5 欄填寫圖斑地類編碼；
7. 6 欄填寫圖斑所屬的權屬單位名稱；
8. 7 欄填寫 G（國有）或 J（集體）；
9. 8 欄僅填寫梯田耕地，用 T 表示；
10. 9 欄填寫需要備註的內容；
11. 草圖欄，當圖斑為補測地物時，必須繪圖斑草圖。

附錄四　農村土地調查記錄手錶（線狀地物）

行政村名稱：　　　　　　　　　　　　　單位：米　　　第　頁，共　頁

序號	圖幅號	預編號	編號	地類編碼	權屬單位	權屬性質	寬度	比例	備註
1	2	3	4	5	6	7	8	9	10
草圖									

調查人：　　　　　調查日期：　　　　　檢查人：　　　　　調查日期：

填表說明：

1. 調查底圖上無法完整表示內容的線狀地物以及補測線狀地物應填寫本表，其他視情況填寫；
2. 1 欄填寫線狀地物順序號；
3. 2 欄填寫線狀地物所在圖幅編號；
4. 3 欄填寫外業調查時線狀地物的臨時編號；
5. 4 欄填寫數據庫建成後線狀地物編號；
6. 5 欄填寫線狀地物地類編碼；
7. 6 欄填寫線狀地物所屬的權屬單位名稱。當線狀地物與權屬界線重合時，應分別填寫相鄰權屬單位名稱；
8. 7 欄填寫 G（國有）或 J（集體）；
9. 8 欄填寫線狀地物實地量測的完整寬度；
10. 當線狀地物與權屬界線重合時，9 欄填寫本權屬單位內的線狀地物寬度占完整寬度比例；
11. 10 欄填寫需要備註的內容；
12. 草圖欄補測的線狀地物必須繪草圖，其他可視情況繪製。

國家圖書館出版品預行編目(CIP)資料

土地資源管理實訓教程 / 孫敖 主編. -- 第一版.
-- 臺北市：崧博出版：崧燁文化發行，2018.09
　　面 ； 公分
ISBN 978-957-735-467-9(平裝)
1.土地資源
554　　107015201

書　　名：土地資源管理實訓教程
作　　者：孫敖 主編
發行人：黃振庭
出版者：崧博出版事業有限公司
發行者：崧燁文化事業有限公司
E-mail：sonbookservice@gmail.com
粉絲頁　　　　　　網　址：
地　　址：台北市中正區重慶南路一段六十一號八樓 815 室
8F.-815, No.61, Sec. 1, Chongqing S. Rd., Zhongzheng Dist., Taipei City 100, Taiwan (R.O.C.)
電　　話：(02)2370-3310　傳　真：(02) 2370-3210
總經銷：紅螞蟻圖書有限公司
地　　址：台北市內湖區舊宗路二段 121 巷 19 號
電　　話：02-2795-3656　傳真：02-2795-4100　網址：
印　　刷：京峯彩色印刷有限公司（京峰數位）

　　本書版權為西南財經大學出版社所有授權崧博出版事業有限公司獨家發行
　　電子書繁體字版。若有其他相關權利及授權需求請與本公司聯繫。

定價：250 元
發行日期：2018 年 9 月第一版
◎ 本書以POD印製發行